BY

LENA

SUHR

Wenn Lena Suhr in der Küche steht, geht's rund: Als selbst ernannter »Blendaholic« wirft sie regelmäßig riesige Mengen an Obst und Gemüse in den Hochleistungsmixer und kreiert so auf die Schnelle die tollsten Dinge von einfachen Smoothies bis hin zu raffinierten Süppchen, Saucen, Dips und Cremes. Lena Suhr lebt seit 2008 vegan. Seit 2011 ist sie unter dem Namen »A Very Vegan Life« im Internet zu finden. In ihrem gleichnamigen Blog erfährt man mehr über ihre Küchenexperimente, wobei der Schwerpunkt auf ihrer Leidenschaft Rohkost und abwechslungsreiches Streetfood liegt. Lena Suhr ist studierte Sozialarbeiterin und lebt mit ihrer Französischen Bulldogge Wilma (die übrigens auf der Umschlaginnenseite dieses Buches zu sehen ist) in Hamburg.

Lena Suhr

Mix it

120 vegane Rezepte aus dem Mixer

TRIAS

Liebe Leserin,
lieber Leser,

nach einem Jahr der vielen Überlegungen zog Anfang 2013 der erste Hochleistungsmixer in meine Küche ein. Die Entscheidung fiel damals für den Puro 4 der Marke Bianco, nachdem ich das Gerät zum ersten Mal auf der Fachmesse Next Organic Berlin entdeckt hatte. Aufgeregt befühlte ich die kantigen Messer und schaute begeistert zu, wie sich in wenigen Sekunden faseriges Blattgemüse und frisches Obst zu einem unfassbar cremigen Green Smoothie vereinten. Schockverliebt tätigte ich nur wenige Stunden nach diesem Erlebnis meine Bestellung, die meinen Küchenalltag nachhaltig verändern sollte, mich zu einem Blendaholic machte und letztendlich auch zu diesem Buch führte.

Meine wahrhaftig kostenintensive Anschaffung begründete ich zu diesem Zeitpunkt vor allem mit den Green Smoothies, die auch in Deutschland immer beliebter wurden. Ich wollte nicht länger auf die grünen Nährstoffbömbchen verzichten, von den zahlreichen gesundheitlichen Vorteilen profitieren und hoffte natürlich auch auf den viel zitierten Glow, der sich durch die regelmäßige Aufnahme wichtiger Nährstoffe durch grünes Blattgemüse einstellen sollte.

Da mein Mixer auch über zahlreiche Automatikprogramme verfügt, zum Beispiel für Suppen, Nüsse und Milchalternativen, wurde ich schnell neugierig und probierte daher auch immer wieder andere Rezepte aus. So rotierten die kleinen Messerchen irgendwann täglich mehrfach vor sich hin und meine Neugierde und Experimentierfreude stiegen stetig weiter an. Es macht mir bis heute Freude zu entdecken, welche besonderen Geschmackserlebnisse durch einen Hochleistungsmixer auf schnelle und einfache Weise möglich sind. Tatsächlich steigt mit jedem Tag meine Euphorie über die zahlreichen Möglichkeiten, die mir das Gerät bietet.

Für die Zubereitung meiner Rezepte verwende ich grundsätzlich keine Zutaten mit tierischem Ursprung, da ich mich im Jahr 2008 aus ethischen Gründen für eine vegane Lebensweise entschied. Im Laufe der Jahre wurde es stetig einfacher, sich vegan zu ernähren bzw. zu leben. So stehen für unsere Ernährung unzählige Möglichkeiten bereit, sodass Tierleid nicht länger mitverantwortet werden muss.

Griff ich zu Beginn oft auf veganes Convenience Food zurück, das damals noch selten im Kühlregal zu finden war, veränderte sich mit der Zeit mein Geschmack. Heute wähle ich möglichst frische, unbehandelte Zutaten, wobei ich saisonale und regionale Produkte bevorzuge. Mein Alltag ist geprägt vom Experimentieren mit unterschiedlichen Schärfegraden, dem Variieren von Rezepten mit verschiedenen frischen Kräutern, wirksamen Superfoods und dem Verarbeiten von Unmengen an Obst und Gemüse – vor allem in meinem Hochleistungsmixer. So konnte ich schon oft meine Freunde und meine Familie mit Kreativität und Geschmack überzeugen statt mit Dogmatismus.

In diesem Buch findest du zahlreiche Rezepte, die mich begeistern konnten und die dich dazu anregen sollen, deinen Mixer auf ebenso vielfältige Weise zu nutzen. Daher: Mix it!

Viel Spaß dabei wünscht
Lena

Der Mixer in der Küche

Schnell ein gesundes und leckeres Rezept zubereiten – wer möchte das nicht? Mit einem guten Mixer und den richtigen Zutaten ist das ganz einfach.

Die Basics:
Geräte und Zutaten

Welcher Mixer ist der richtige? Worauf sollte ich bei den Zutaten achten? Mit den richtigen Informationen gelingt die Zubereitung der Rezepte im Handumdrehen.

Alle Rezepte in diesem Buch kannst du mit Hochleistungsmixern verschiedenster Marken, teilweise auch mit herkömmlichen Standmixern und manche auch mit einem einfachen Stabmixer zubereiten. Sie sollen dich immer inspirieren und zu mehr Kreativität in der Küche anregen.

Entstanden sind alle Rezepte mit dem Puro von Bianco, der über einen Behälter mit einer möglichen Füllmenge von 2 Litern verfügt. Sollte dein Gerät eine geringere mögliche Füllmenge haben, musst du die Menge der Zutaten entsprechend anpassen. Wenn du dir nicht sicher bist, ob dein Standmixer

die Menge an Zutaten auf einmal verarbeiten kann, dann gib die Zutaten lieber nacheinander in den Behälter. Achte während der Vorgänge auf dein Gerät und schalte es besser kurz ab, sollte dir etwas komisch vorkommen. Ist dein Gerät weniger leistungsstark, musst du die Mixzeiten entsprechend anpassen. Es kann sein, dass sich die Mixzeit schon mal verdoppelt.

Die Rezepte in diesem Buch sind Vorschläge, die sich aus verschiedenen Zutaten zubereiten und immer wieder – durch kleine Veränderungen – variieren lassen. Oft können einzelne Zutaten ausgetauscht oder auch gemeinsam

das Gerät stellst. Wichtig ist dabei erstmal, dass du zwischen herkömmlichen Standmixern, den sogenannten Haushalts- bzw. Küchenmixern, und den Hochleistungsmixern unterscheidest.

Ein herkömmlicher Standmixer ist für die meisten Rezepte auf jeden Fall ausreichend, er ist allerdings nicht für den täglichen Einsatz konzipiert. Ein Hochleistungsmixer kann viel schneller, effektiver und vor allem auch täglich arbeiten, ist allerdings auch kostenintensiver. Die Preisunterschiede zwischen den angebotenen Geräten sind riesig, sodass du die Kosten und Leistungsmerkmale der verschiedenen Geräte unbedingt ausgiebig miteinander vergleichen solltest. Über hilfreiche Vergleichsportale im Internet kannst du entsprechende Informationen schnell und einfach abrufen.

Ein Hochleistungsmixer sollte eine Mindestumdrehungsanzahl von 25 000 Umdrehungen in der Minute haben. Dagegen liegt bei herkömmlichen Geräten die Umdrehungsanzahl meist unter 20 000 Umdrehungen in der Minute.

Bei einer sehr hohen Umdrehungsanzahl von mehr als 30 000 Umdrehungen

verwendet werden, sodass schnell und einfach ein neuartiges Geschmackserlebnis entstehen kann. Die Rezepte dienen der Inspiration. Daher: Werde doch selbst kreativ!

Welcher Mixer ist der richtige für mich?

Ein leistungsfähiger Mixer ist nicht nur wichtig für die Zubereitung der Rezepte aus diesem Buch, sondern auch eine absolute Bereicherung für deinen Alltag.

Falls du noch kein Gerät hast, musst du überlegen, welchen Anspruch du an in der Minute ist es möglich, pflanzliche Zellulosewände aufzubrechen, sodass Nährstoffe, die sich konzentriert innerhalb der Zellen befinden, von uns aufgenommen werden können und nicht unverdaut ausgeschieden werden. Die Ergebnisse, die ein Hochleistungsmixer erreichen kann, sind zumeist sehr viel sämiger und viel weniger faserig als die anderer Geräte.

Ein beachtlicher Faktor ist auch die Zeit: Mit einem herkömmlichen Standmixer benötigst du mehr Zeit, um ein gutes Ergebnis zu erzielen. Durch die natürliche Erhitzung, die durch die andauernde Leistung entsteht, gehen wichtige Nährstoffe schneller verloren. Besonders stark faserige Wildkräuter oder auch harte Nüsse stellen für herkömmliche Standmixer eine riesige Herausforderung dar. Sie scheitern häufig an einer so starken Überbeanspruchung und weisen schneller irreparable Schäden auf.

Die Anschaffung eines Hochleistungsmixers ist kostenintensiv, aber auch sehr lohnend. Mein Gerät läuft heute mehrmals täglich und bereitet mir in sehr kurzer Zeit abwechslungsreiche Smoothies, Suppen, Eiscremes, Teige

und vieles mehr zu. Für mich ist der Hochleistungsmixer, neben meinem sehr scharfen Messer, das wichtigste Gerät in meiner Küche geworden, das ich nicht mehr hergeben werde.

Kleine Stabmixer, die in vielen Haushalten zu finden sind, eignen sich eher für die Zubereitung von kleineren Einzelportionen oder auch für Rezepte, die hauptsächlich aus Obst und Gemüse bestehen, die weniger faserig sind.

Kleine Zutatenkunde

Die Zutaten, die ich für die Rezepte verwendet habe, sind im Supermarkt, Biofachhandel, Reformhaus und/oder auch auf dem Wochenmarkt erhältlich – mittlerweile auch die beliebten Superfoods, die ich bewusst selten und zumeist nur optional als nährstoffreiches Extra verwendet habe. Wenn du sie nicht bekommst, kannst du sie auch über spezialisierte Onlineshops bestellen. Da manche Zutaten möglicherweise eher unbekannt sind, verweise ich hin und wieder auf Herstellernamen der Produkte, die ich für das Buch genutzt habe. Manche Zutaten, besonders Superfoods, mögen anfänglich kostenintensiv erscheinen, entfalten allerdings auch schon bei der Verwendung einer geringen Menge ihre volle Wirksamkeit.

Ich verwende Gemüse und Obst möglichst frisch und vermeide Tiefkühlware. Biologisch angebaute Zutaten und solche aus rein biologischer Produktion ziehe ich solchen aus konventionellem Anbau vor. Bei manchen Zutaten achte ich sogar zwingend auf Bioqualität, z. B. bei Zitronen, von denen ich auch die Schale verwenden möchte, ebenso bei Zutaten, die sehr oft und ausgeprägt mit Pestiziden und Fungiziden behan-

delt werden, und bei solchen, die Giftstoffe stärker aufnehmen als andere. Darunter fallen zum Beispiel Erdbeeren, Spinat, Äpfel, Sellerie, Gurken und Grünkohl. Weniger behandelte Zutaten, die ich ohne Bedenken auch aus konventionellem Anbau kaufe, sind Papaya, Avocado, Kohl, Cantaloupe-Melone, Ananas und Süßkartoffeln.

Nüsse, Samen und Getreide können, müssen aber nicht zwingend vor dem Verarbeiten eingeweicht werden. Durch das Einweichen soll die phosphathaltige Pythinsäure abgelöst werden, die in hoher Dosis als schädlich angesehen

wird. Getrocknete Nüsse, Samen und Getreide sind in eingeweichter Form so bekömmlicher.

Superfoods

Superfoods sind Lebensmittel, die eine pflanzliche Herkunft haben und möglichst unverarbeitet verwendet werden sollen. Sie haben oft einen interessanten Geschmack, zeichnen sich vor allem aber durch eine bemerkenswerte Nährstoffdichte aus. Die besonders hohe Konzentration an wichtigen Vitaminen, Enzymen, Coenzymen, Proteinen, Mineralien, Antioxidantien, essenziellen Aminosäuren und Fettsäuren kann unsere Nahrung zusätzlich aufwerten und sich so auf den menschlichen Körper positiv auswirken. Daher sind manche Superfoods eine natürliche Nahrungsergänzung, die im Alltag abwechslungsreich eingesetzt werden kann.

Die verschiedenen Superfoods haben in ihren Herkunftsländern oft eine sehr lange Tradition und auch im deutschsprachigen Raum sind wahre Superfoods beheimatet. Darunter fallen unter anderem verschiedene Beeren, Grünkohl oder auch Spinat.

Zu haben sind die ausgefalleneren Superfoods bei uns vor allem in Pulverform, da sie zuvor gefriergetrocknet wurden, oder auch als Pürees. Von der Lebensmittelindustrie werden verschiedene Superfoods vermehrt unterschiedlichen Produkten, zum Beispiel Müslis oder auch Backwaren, beigemischt. Als Rohstoffe kannst du Superfoods über den Biofachhandel, Reformhäuser und spezialisierte Onlineshops beziehen.

Meine liebsten Superfoods

Für die Rezepte in diesem Buch habe ich mich auf eine kleine Anzahl ausgefallenerer Superfoods beschränkt und diese auch nur selten benutzt. Es sind Superfoods, die ich immer wieder nachkaufe, die schon lange einen festen Platz in meinem Küchenregal haben und die nach Belieben Rezepte bereichern können, indem du sie einfach unter die weiteren Zutaten mischst.

Chiasamen: Die kleinen, kugeligen Samen der Chia-Pflanze aus Zentralamerika enthalten neben entzündungshemmenden Fettsäuren auch hochwertige Proteine, Vitamine (darunter Vitamin A und Niacin), Mineralien (wie Kalzium,

Kalium und Zink), Antioxidantien und Ballaststoffe. Die Nährstoffe der Samen werden nur sehr langsam in den Körper abgegeben und sind daher besonders bei Ausdauersportlern beliebt.

Die Samen, die nahezu geschmacksneutral und in zwei verschiedenen Sorten in Deutschland erhältlich sind, können sehr vielfältig eingesetzt werden: Sie bereichern Salate, Smoothies und auch Müslis, können zum Backen verwendet werden und auch zum Andicken, da Chiasamen sehr viel Flüssigkeit aufnehmen können. Beim Speichern von Flüssigkeit bilden die kleinen Samen sogenannte Schleimstoffe, wodurch sich eine gelartige Schicht um die einzelnen Samen legt.

Chia-Gel kannst du ganz leicht selbst machen: Vermenge einfach 200 ml Wasser mit 4 EL Chiasamen, warte kurze 15 Minuten – fertig. Ist das Gel zu flüssig, einfach mehr Samen nehmen. Die Samen lassen sich auch in Säften und Milchalternativen quellen. Fertiges Gel kannst du vor dem Verzehr zu Smoothies geben oder mit Wasser und Zitronensaft zu einem morgendlichen Energy-Booster anrühren, der deinen Stoffwechsel anregt.

Kakao: Kakaobohnen sind die Früchte der Kakaoschote vom Kakaobaum (Theobroma cacao). Kakao wirkt anregend, stimmungsaufhellend und aphrodisisch. Kakao enthält unter anderem viele Mineralstoffe wie Eisen, Kalzium und Magnesium, ungesättigte Oleinsäure und wichtige Aminosäuren (wie Tyrptophan) und Hormone (wie Serotonin). Kakao ist ein Grundstoff für die beliebte Schokolade und macht auch Smoothies, Chia-Pudding und Nussalternativen zu einem schokoladigen Erlebnis. Beim Kauf solltest du darauf achten, dass der Kakao Rohkostqualität besitzt, sodass wertvolle Nährstoffe in höherer Konzentration enthalten sind. Eine Fair-Trade-Zertifizierung wäre auch gut.

Lucumapulver, auch »Gold der Inka« genannt, wird aus einer subtropischen, süßen Frucht hergestellt, die in Peru, Chile und Ecuador beheimatet ist. Lucuma enthält viele Antioxidantien, Ballaststoffe, Vitamine und Mineralstoffe. Aufgrund des niedrigen glykämischen Index und des süßlichen, wunderbaren Geschmacks (Lucuma ist in den Herkunftsländern als Eiscreme-Sorte erhältlich), eignet sich Lucuma auch als Zuckerersatz. Lucuma soll sich besonders positiv auf die Haut auswirken und durch das enthaltene Beta-Carotin unter anderem Schäden bei starker Sonneneinstrahlung entgegenwirken.

Macapulver: Die einjährige Macapflanze wächst als starke und widerstandsfähige Pflanze in den Hochlagen der peruanischen Anden. Die Knolle enthält wichtige Eiweiße, zahlreiche Mineralstoffe (wie Eisen, Magnesium und Zink), Kohlenhydrate, Zucker, Stärke und Vitamine. Bei uns ist Maca vor allem als Pulver erhältlich. Maca wird nachgesagt, sich positiv auf Wohlbefinden und Leistungsfähigkeit auszuwirken. Beginne mit einem Teelöffel Macapulver am Tag, bei Bedarf kannst du die Dosis langsam erhöhen.

Moringapulver: Moringa ist der Meerrettichbaum aus Afrika, der dort als Wunderbaum und auch als Baum des Lebens sehr bekannt und beliebt ist. Seine essbaren Pflanzenteile haben einen sehr hohen Anteil an Proteinen, Vitaminen und Nährstoffen. Moringa zeichnet sich durch einen besonders hohen ORAC-Wert aus, der dafür sorgt, dass freie Radikale besser neutralisiert werden. Aufgrund der besonderen Nährstoffzusammensetzung gilt Moringa als Nährstoffbooster und Allroundtalent. Moringa wird in Deutschland vor allem als Pulver, Tee und Öl angeboten. Für meine Rezepte nutze ich nur das Pulver.

Zucker und Alternativen

Zu viel raffinierter Zucker ist bekanntlich ungesund, doch auch verfügbare Alternativen sollten wir nicht grenzen- und bedenkenlos konsumieren. Aber hin und wieder braucht jeder etwas Süßes im Leben. Dann können wir auf Süßungsmittel zurückgreifen, die möglichst auch Mineralstoffe, Vitamine und weitere wichtige Nährstoffe liefern und außerdem unseren Blutzuckerspiegel nicht unnötig schnell und hoch ansteigen lassen.

Mir versüßen daher verschiedene Alternativen abwechselnd den Alltag, darunter:
- Ahornsirup
- Apfel- und Birnendicksaft
- Kokosblütenzucker
- Kokosblütensirup (mein Favorit!)
- Reissirup
- Stevia
- Dattelsirup

Mit einem Tausch der Zuckeralternativen kannst du verschiedene tolle Geschmacksvarianten erzielen. Probier es einfach aus und ändere auch die Menge nach deinem Geschmack. Oft reicht allerdings der Fruchtzucker der im jeweiligen Rezept verwendeten Zutaten, um eine angenehme Süße zu erreichen.

Dattelsirup kannst du einfach und unkompliziert mit einem Hochleistungsmixer zubereiten. Dazu 150 g Datteln (z. B. Deglet Nour oder Medjoul) über Nacht in 150 ml Wasser einweichen und dann pürieren. Der Sirup hält sich gekühlt bis zu einer Woche.

Nützliche Hilfsmittel

Neben meinem Hochleistungsmixer habe ich noch weitere Helferchen, die meinen Alltag in der Küche bereichern und stark vereinfachen.

Nussbeutel: Mit dem Nussbeutel, einem feinmaschigen Synthetikbeutel, lassen sich Trester und Fruchtfleisch schnell und unkompliziert aus einer Milchalternative oder einem Saft filtern. Dafür gießt du die Flüssigkeiten durch diesen hindurch und drückst danach den Beutel aus, um den höchstmöglichen Ertrag zu erhalten. Falls du

keinen Nussbeutel hast, funktioniert es auch mit einem sehr feinen Sieb. Den entstandenen Trester kannst du trocknen und dann zu Backwaren oder in dein Müsli geben.

Scharfes Messer: Ein scharfes, multifunktionales Messer, das sich für verschiedene Anwendungen eignet, brauchst du unbedingt. Mein liebstes Messer hat die Form eines klassischen Kochmessers und besitzt zudem ein dünn geschliffenes, asiatisch erscheinendes Klingenblatt. Es ist sehr vielseitig einsetzbar (Kitchen Surfer der Marke Wüsthof).

Spachtel: Ein kleiner Spachtel mit einer Spitze aus Silikon sollte in der Küche eines Blendaholics nicht fehlen, denn damit lässt sich das Mixgut im Behälter zusammenschieben und auch gründlicher entnehmen.

Dörrofen: Falls du keinen Dörrofen hast, kannst du die Nahrungsmittel auch im Backofen bei 50 °C mit leicht geöffneter Backofentür dörren, bis die Flüssigkeit vollständig entzogen wurde, z. B. bei Frucht- oder Gemüsechips. Dieser Vorgang kann, je nach Zutaten, auch schon mal 8 bis 12 Stunden dauern. Ich lasse das Gerät meistens über Nacht laufen.

Außerdem hilfreich:
- Küchensieb und Gemüsebürste zum Reinigen von Obst und Gemüse
- verschiedene Brettchen und Schüsseln
- Universalschäler
- Zestenreibe zum Abreiben der Schalen von Zitrusfrüchten
- Zitruspresse
- Einmachgläser mit Deckel und andere Aufbewahrungsmöglichkeiten wie z. B. Tupperdosen

Rezepte – blitzschnell gemixt

Smoothies, Aufstriche, Dressings, Suppen und vieles mehr – alles gesund, lecker und ganz schnell zubereitet. So macht Kochen (und Essen!) noch mehr Spaß.

SMOOTHIES, SÄFTE & SHOTS

Smoothies, Säfte und Shots bestehen aus einer Basis, z. B. Wasser, Obst und/oder Gemüse. Dadurch ist es täglich möglich, schnell und einfach zahlreiche Nährstoffe aufzunehmen, die eine positive Wirkung auf unsere Körper haben. Smoothies und Säfte sind dazu auch noch unglaublich lecker und können nach Belieben variiert werden. Besonders die grünen Varianten sollten unseren Alltag bereichern, denn grüne Blätter, die im Hochleistungsmixer verarbeitet werden, setzen wertvolles Chlorophyll frei. Eine Zugabe ausgewählter Superfoods erhöht die Konzentration an Nährstoffen zusätzlich. In geeigneter Menge können Smoothies und Säfte vollwertige Mahlzeiten ersetzen. Smoothies und Säfte können vorbereitet werden und halten gekühlt ungefähr drei Tage.

Kleine Shots, hergestellt zum Beispiel aus Weizengras oder mit Ingwer und Cayennepfeffer, schmecken zwar nicht ganz so gut, kurbeln jedoch am Morgen deinen Stoffwechsel richtig an.

◄ Wake-up-Smoothie (Seite 24)

Wake-up-Smoothie

Eat-your-Greens-Smoothie

》 Mit diesem Smoothie mit frischer Minze und dem Superfood Moringa startest du immer schwungvoll in den Tag, sogar am ungeliebten Montag.

Glutenfrei, roh
Für 2 Portionen • geht schnell
⊘ 10 Min.

200 g junger Blattspinat • 6–8 Blätter frische Pfefferminze • 2 Bananen • 2 Orangen • 200 ml Mandelmilch • 1 TL Moringapulver

● Blattspinat und Pfefferminze waschen und verlesen.

● Bananen und Orangen schälen.

● Alle Zutaten in den Mixer geben und pürieren, bis der Smoothie eine cremige Konsistenz hat. Ggf. Wasser hinzufügen, sollte der Smoothie zu dickflüssig sein.

》 Durch seinen hohen Fruchtanteil schmeckt dieser grüne Smoothie auch denen, die Grünzeug im Smoothie eher skeptisch gegenüberstehen.

Glutenfrei, roh
Für 2 Portionen • gelingt leicht
⊘ 10 Min.

½ Ananas • 1 Banane • 50 g Spinat • ½ Salatgurke • 2 EL Kokosmus

● Ananas und Banane schälen. Die Ananas würfeln, die Banane vierteln.

● Spinat und Salatgurke waschen, die Gurke vierteln.

● Alle Zutaten in den Mixer geben und pürieren, bis der Smoothie eine cremige Konsistenz hat. Ggf. Wasser hinzufügen, sollte der Smoothie zu dickflüssig sein.

Supergreen-Power-Smoothie

>> Grünkohl ist eine der gesündesten Gemüsesorten, die es gibt. Er eignet sich daher perfekt für grüne Power-Smoothies.

Glutenfrei, roh
Für 2 Portionen • geht schnell
⊘ 10 Min.

100 g Grünkohl • 100 g Spinat • ½ Gurke • 1 EL frischer Koriander • 2–3 EL Limettensaft • 2 TL Moringapulver • 300 ml Kokoswasser

● Grünkohl und Spinat waschen und verlesen.

● Gurke waschen und vierteln.

● Koriander waschen.

● Alle Zutaten in den Mixer geben und pürieren, bis der Smoothie eine cremige Konsistenz hat. Ggf. Wasser hinzufügen, sollte der Smoothie zu dickflüssig sein.

Variante Wer es noch grüner mag, gibt Gersten- oder Weizengras hinzu.

Mango-Smoothie mit grünem Tee

>> Dieser energiegeladene Smoothie stärkt und steckt voller wertvoller Antioxidantien. Durch die Mango schmeckt er schön fruchtig.

Glutenfrei
Für 2 Portionen • preisgünstig
⊘ 10 Min.

1 Mango • 1 Banane • 300 ml grüner Tee, z. B. Sencha

● Mango teilen, entkernen, die Schale entfernen und das Fruchtfleisch grob würfeln.

● Banane schälen.

● Mango, Banane und grünen Tee in den Mixer geben und pürieren, bis der Smoothie eine cremige Konsistenz hat. Ggf. Wasser hinzufügen, sollte der Smoothie zu dickflüssig sein.

Heidelbeer-Himbeer-Smoothie

>> Kombucha ist ein Teegetränk, das mit dem Kombuchapilz fermentiert wurde und so einen eigenen, speziellen Geschmack erhält.

Glutenfrei, roh
Für 2 Portionen • gelingt leicht
⊘ 10 Min.

250 g Heidelbeeren • 150 g Himbeeren • ½ Zitrone • 150–200 ml Kombucha

● Heidelbeeren und Himbeeren waschen, trocken tupfen und in den Mixer geben.

● Zitrone entsaften. Den Saft in den Mixer geben und mit Kombucha aufgießen.

● Pürieren, bis der Smoothie eine cremige Konsistenz hat. Ggf. Wasser hinzufügen, sollte der Smoothie zu dickflüssig sein.

Grapefruit-Erdbeer-Saft

>> Ein bisschen herb und auch ein bisschen fruchtig – gekühlt liebe ich diesen Saft vor allem an warmen Sommertagen.

Glutenfrei, roh
Für 2 Portionen • geht schnell
⊘ 10 Min.

2 Grapefruits • 15 Erdbeeren • 4–6 Pfefferminzblätter

● Grapefruits schälen und das Fruchtfleisch grob zerteilen.

● Erdbeeren waschen, mit Grapefruit-Fruchtfleisch und Pfefferminze im Mixer fein pürieren. Ggf. Wasser hinzufügen, sollte der Saft zu dickflüssig sein.

● Die pürierte Mischung durch einen Nussbeutel oder ein feines Sieb streichen, damit Rückstände entfernt werden können.

Fruity-Cooler

》 Erdbeeren mit Wassermelone sind immer eine gelungene Kombination. Die Minze kühlt, die Chiasamen geben lang anhaltend Power.

Glutenfrei, roh
Für 2 Portionen • gelingt leicht
⊘ 10 Min. + 15 Min. Kühlzeit

1 Banane • 300 g Wassermelone ohne Schale • 8 Erdbeeren • 4–6 Pfefferminzblätter • 1 TL Chiasamen

● Banane schälen und grob stückeln.

● Fruchtfleisch der Wassermelone würfeln.

● Erdbeeren und Pfefferminze waschen und trocken tupfen.

● Früchte und Pfefferminze in den Mixer geben und fein pürieren. Ggf. Wasser hinzugeben, sollte der Smoothie zu dickflüssig sein.

● Chiasamen unterrühren und 15 Min. kalt stellen.

Käsekuchen-Smoothie mit Erdbeeren

》 Schmeckt, als wäre die Creme eines leckeren Käsekuchens zusammen mit Erdbeeren im Hochleistungsmixer gelandet.

Glutenfrei, roh
Für 2 Portionen • geht schnell
⊘ 10 Min.

½ Bio-Limette • 75 g Cashewkerne • 125 g Erdbeeren • ⅓ TL Vanillepulver • 300 ml Kokoswasser • 300 ml Wasser

● Limettenschale mit der Zestenreibe abreiben, die Limette entsaften.

● Alle Zutaten in den Mixer geben und fein pürieren. Ggf. Wasser hinzufügen, sollte der Smoothie zu dickflüssig sein.

Variante Schmeckt auch super mit Himbeeren!

Himbeer-Mango-Smoothie

⟫ Kokoswasser, die klare Flüssigkeit der jungen, grünen Kokosnuss, bildet die gesunde Basis für diesen leckeren Smoothie.

Glutenfrei, roh
Für 2 Portionen • gelingt leicht
⊘ 10 Min.

½ Mango • 1 Banane • 150 g Himbeeren • 300 ml Kokoswasser • 1 TL Lucuma

● Kern und Schale der frischen Mango entfernen.

● Banane schälen und vierteln.

● Himbeeren waschen und trocken tupfen.

● Alle Zutaten in den Mixer geben und fein pürieren. Ggf. Wasser hinzufügen, sollte der Smoothie zu dickflüssig sein.

Superbeeren-Tofu-Smoothie

⟫ Seidentofu hat im Gegensatz zu anderen Tofu-Varianten einen sehr hohen Flüssigkeitsgehalt und macht diesen Smoothie angenehm cremig.

Glutenfrei
Für 2 Portionen • gelingt leicht
⊘ 10 Min.

250 g gemischte Beeren, z. B. Heidel-, Him-, Brom- und Erdbeeren • 150 g Seidentofu • ½ TL Vanillepulver • 1 TL Kokosblütensirup oder Reissirup

● Beeren waschen und trocken tupfen.

● Alle Zutaten in den Mixer geben und fein pürieren. Ggf. Wasser hinzufügen, sollte der Smoothie zu dickflüssig sein.

Quietschgrüner Saft

>> Wenn mir ein morgendlicher grüner Smoothie zu mächtig erscheint, greife ich gerne auf diesen grünen Saft zurück.

Glutenfrei, roh
Für 2 Portionen • preisgünstig
⊘ 10 Min.

1 Salatgurke • 2 Äpfel, z. B. Granny Smith • 1 Zitrone • 120 g Spinat

● Gurke und Äpfel waschen.

● Gurke grob zerstückeln. Äpfel vierteln, entkernen und in größere Stücke schneiden.

● Zitrone entsaften.

● Spinat waschen und verlesen.

● Gurken- und Apfelstücke, Zitronensaft und Spinat in den Mixer geben und pürieren.

● Durch einen Nussbeutel oder ein feines Sieb streichen, ggf. Wasser hinzufügen.

Wassermelönchen mit Minze

>> Da dieser Saft herrlich erfrischt, bereite ich ihn im Sommer fast täglich frisch zu und stelle ihn in den Kühlschrank.

Glutenfrei, roh
Für 2 Portionen • preisgünstig
⊘ 10 Min.

500 g Wassermelone ohne Schale • 8–10 Blätter frische Pfefferminze • Wasser

● Fruchtfleisch grob stückeln.

● Pfefferminzblätter waschen.

● Alle Zutaten in den Mixer geben und pürieren.

● Pürierte Mischung durch einen Nussbeutel oder ein feines Sieb streichen und mit Wasser nach Belieben aufgießen.

Tipp   Mit Eiswürfeln servieren.

•> Quietschgrüner Saft

Gurken-Drink mit Kiwi und Minze

>> Die Kiwifrucht ist auch als chinesische Stachelbeere bekannt und hat doppelt so viel Vitamin C wie eine Orange.

Glutenfrei
Für 2 Portionen • geht schnell
⊘ 10 Min.

1 Kiwi • 1 Salatgurke • 200 ml veganer Apfelsaft, z. B. von Voelkel • 5–8 Pfefferminzblätter

● Kiwi schälen und das Fruchtfleisch grob würfeln.

● Gurke waschen und in größere Stücke schneiden.

● Pfefferminze waschen.

● Alle Zutaten in den Mixer geben und fein pürieren. Ggf. mehr Apfelsaft hinzufügen, sollte der Drink zu dickflüssig sein.

Maracuja-Drink auf Eis

>> Die Maracuja ist eine Sorte der beliebten Passionsfrüchte. Sie stammt aus Südamerika und hat einen unverkennbaren sauer-süßen Geschmack.

Glutenfrei
Für 2 Portionen • exotische Zutaten
⊘ 20 Min.

300 ml grüner Tee, z. B. Sencha • 300 ml kaltes Mineralwasser • 4–5 Maracujas • ½ TL Vanillepulver • Eiswürfel

● Tee nach dem Aufbrühen mit kaltem Mineralwasser aufgießen.

● Maracujas teilen, das Fruchtfleisch mit einem Löffel herauskratzen und in den Mixer geben.

● Vanillepulver und erkalteten Tee hinzufügen. Alle Zutaten vermengen.

● Eiswürfel auf Gläser verteilen, Maracuja-Drink darübergeben.

Ingwer-Shot

Weizengras-Shot

》 Ingwer stammt aus den Tropen. Die Wurzel hat einen scharfen Geschmack und bringt den Kreislauf in Schwung.

》 Frisches Weizengras baue ich zu Hause selbst an. Dazu lasse ich die Samen in flachen Schalen auf der Fensterbank keimen.

Glutenfrei, roh
Für 2 Portionen • geht schnell
⊘ 10 Min.

40 g Ingwerwurzel • 2 Limetten • ½ Zitrone • 1 Msp. Cayennepfefferpulver

● Ingwer, Limette und Zitrone schälen, grob zerteilen, in den Mixer geben und pürieren.

● Durch einen Nussbeutel oder ein feines Sieb streichen.

● Cayennepfeffer in den Saft rühren.

● Sofort trinken, damit die wichtigen Nährstoffe nicht verloren gehen.

Glutenfrei, roh
Für 2 Portionen • gelingt leicht
⊘ 10 Min.

250 g frisches Weizengras • Wasser

● Weizengras waschen, in den Mixer geben und mit einer kleinen Menge Wasser fein pürieren.

● Durch einen Nussbeutel oder ein feines Sieb streichen und sofort trinken.

Variante Statt Weizengras kannst du auch Gerstengras verwenden.

Ananas-Orangen-Smoothie

>> Ananas enthält wichtige Enzyme, wie das für den Stoffwechsel wichtige Bromelain. Zimt gilt als geschmacksintensives Superfood.

Glutenfrei, roh
Für 2 Portionen • geht schnell
⊘ 10 Min.

1 große Orange • ½ Zitrone • 200 g Ananas ohne Schale • ⅓ TL Zimt • 200 ml Wasser

● Orange und Zitrone schälen.

● Mit Ananasfruchtfleisch und Zimt in den Mixer geben und fein pürieren. Ggf. mehr Wasser hinzugeben, sollte der Smoothie zu dickflüssig sein.

Beeriger Kombucha-Drink

>> Melonen werden aufgrund ihrer harten Schale auch Panzerbeeren genannt. Die Cantaloupe gehört zu den Zuckermelonen.

Glutenfrei, roh
Für 2 Portionen • gelingt leicht
⊘ 10 Min.

75 g Heidelbeeren • 75 g Himbeeren • 400 g Melone ohne Schale, z. B. Cantaloupe • 150 g Kombucha

● Blaubeeren und Himbeeren waschen und verlesen.

● Alle Zutaten in den Mixer geben und fein pürieren. Ggf. etwas mehr Kombucha hinzugeben, sollte der Smoothie zu dickflüssig sein.

Colada-Smoothie

>> Dieser Smoothie ist eine Variante der bekannten und weltweit beliebten Piña Colada, die traditionell allerdings mit Alkohol serviert wird.

Glutenfrei, roh
Für 2 Portionen • exotische Zutaten
⊘ 10 Min.

350 g Ananas ohne Schale • 150 ml Kokoswasser • 2 EL Kokosflocken

● Ananas grob stückeln.

● Mit Kokoswasser und 1 EL Kokosflocken in den Mixer geben und fein pürieren.

● Smoothie auf Gläser aufteilen und mit den restlichen Kokosflocken bestreuen.

Tipp Eiswürfel in den Mixbehälter geben, kurz zerkleinern und in den Smoothie geben.

Pinker Grapefruit-Drink

>> Durch die saftige Grapefruit erhält dieser fruchtige Drink einen aufregend bitter-süßen Geschmack. Die tolle Farbe kommt von Erdbeeren.

Glutenfrei, roh
Für 2 Portionen • gelingt leicht
⊘ 10 Min.

1 Grapefruit, z. B. Star Ruby • 125 g Erdbeeren • 300 g Wassermelone ohne Schale • 100 ml Wasser

● Grapefruit schälen und vierteln.

● Erdbeeren abbrausen und die Blätter entfernen.

● Alle Zutaten in den Mixer geben und fein pürieren. Ggf. Wasser hinzufügen, sollte der Smoothie zu dickflüssig sein.

●> Colada-Smoothie

MILCHALTERNATIVEN & GETRÄNKE

Jede Getreideart, alle Nüsse und Saaten (außer Chiasamen und Leinsamen), lassen sich durch Einweichen, ggf. Kochen, Mixen und Passieren zu einer Milchalternative verarbeiten und abwechslungsreich kombinieren.

Die Einweichzeiten variieren, z. B.:
- Cashewkerne: 2 Std.
- Haferflocken: 2–5 Std.
- Haselnüsse: 10 Std.
- Mandeln: 8 Std.
- Quinoa: 5 Std. + Kochen nach Anleitung

Wenn es schnell gehen muss, kann ausnahmsweise auf die Einweichzeit verzichtet werden. Ein Hochleistungsmixer zerkleinert die gewählten Zutaten anstandslos. Mit einer Zuckeralternative, Superfoods, Vanille, Zimt oder Kardamom kann die Non-Dairy-Milk noch verfeinert werden. Auch zuvor geröstete Nüsse und Samen sorgen für Geschmacksabwechslung. Für die nachfolgenden Rezepte können immer verschiedene Milchalternativen nach Belieben genutzt werden.

◂◂ Beeren-Mandel-Milch (Seite 40)

Non-Dairy-Milk – Grundrezept

>> Nach diesem Grundrezept lassen sich aus Nüssen, Saaten oder Getreidesorten leckere Milchalternativen herstellen.

Glutenfrei
Für ca. 800 ml • gut vorzubereiten
⊘ 10 Min. + Einweichzeit (Seite 39) je nach Sorte

150 g Nüsse, Saaten oder Getreide nach Wahl • 750 ml Wasser

● Nüsse, Saaten und/oder Getreide einweichen, abspülen und wenn nötig kochen (Quinoa, Reis, Sojabohnen).

● In den Mixer geben und Wasser hinzufügen. Die Zutaten fein pürieren.

● Die Mischung durch einen Nussbeutel oder ein feines Sieb streichen.

Variante Werden mehr Nüsse, Saaten und/oder Getreide verwendet bzw. weniger Wasser, so wird die »Milch« noch cremiger – eine prima Alternative zu herkömmlicher Sahne.

Beeren-Mandel-Milch

>> Beeren wird aufgrund eines hohen Gehalts an Antioxidanzien und sekundären Pflanzenstoffen eine gute Anti-Aging-Wirkung nachgesagt.

Glutenfrei
Für 2 Portionen • geht schnell
⊘ 10 Min.

150 g gemischte Beeren, z. B. Heidel- und Himbeeren • 500 ml Mandelmilch • 1 TL Kokosblütensirup • ⅓ TL Vanillepulver

● Beeren waschen und trocken tupfen.

● Alle Zutaten in den Mixer geben und pürieren. Das Endergebnis könnt ihr auf Seite 38 anschauen.

Kokos-Vanille-Milchdrink

>> Dieser Drink gehört zu meinen absoluten Favoriten: schmeckt pur, auf Eis, zu meinem morgendlichen Müsli und im Smoothie.

Glutenfrei
Für 2 Portionen • gelingt leicht
⊘ 10 Min.

500 ml Kokosmilch • ½ TL Vanillepulver • 1 TL Lucuma • 1 TL Kokosblütensirup

● Alle Zutaten in den Mixer geben und pürieren.

Macadamianuss-Milch mit Vanille

>> Die Macadamianuss wird auch als Königin der Nüsse bezeichnet. Sie ist relativ teuer, schmeckt aber auch sehr gut.

Glutenfrei
Für 2 Portionen • exotische Zutaten
⊘ 10 Min.

500 ml Macadamiamilch • ½ TL Vanillepulver • 1 TL Dattelsirup • 1 TL Kokosöl • 1 Prise Salz

● Alle Zutaten in den Mixer geben und vermengen.

Haselnuss-Karamell-Kakao

>> Medjool-Datteln haben einen karamell-artigen Geschmack, der auch in Milchalternativen sehr gut zur Geltung kommt.

Glutenfrei, roh
Für 2 Portionen • geht schnell
⊘ 10 Min.

500 ml Haselnussmilch • 2 EL Kakaopulver • 1–2 TL Lucumapulver • 2–3 Medjool-Datteln

● Alle Zutaten in den Mixer geben und vermengen.

Tipp Statt der Medjool-Datteln kannst du auch Dattelsirup aus Medjool-Datteln verwenden.

Gebrannte-Mandeln-Milch

>> Geröstete Mandeln verleihen dieser Milchalternative ein besonderes Aroma, das durch die restlichen Zutaten angenehm hervorgehoben wird.

Glutenfrei
Für ca. 800 ml • geht schnell
⊘ 10 Min.

150 g Mandeln • 750 ml Wasser • ½ TL Zimtpulver • ½ TL Vanillepulver • 1–2 EL Ahornsirup

● Mandeln in einer Pfanne rösten, bis sie zu duften beginnen.

● Alle Zutaten in den Mixer geben und vermengen.

◆▸ Haselnuss-Karamell-Kakao

Eiskalte Erdmandel-Horchata

Schneller Masala-Chai

>> Horchatas sind erfrischende Getränke auf Basis von Früchten, Nüssen und Samen. Diese Variante ist auch als »Horchata de Chufa« bekannt.

>> Masala Chai« bedeutet Teemischung und bezeichnet ein traditionelles Getränk aus schwarzem Tee vermengt mit Zucker, Milch sowie Gewürzen.

Glutenfrei, roh
Für 2 Portionen • exotische Zutaten
⊘ 10 Min.

Glutenfrei
Für 2 Portionen • gelingt leicht
⊘ 10 Min.

500 ml Erdmandelmilch • 2 TL Agavendicksaft • 1 TL Zimtpulver • Eiswürfel

400 ml erkalteter Chai, z. B. Yogi Tea Black Chai • 200 ml Hafermilch • 1 EL Reissirup • ½ TL Zimtpulver • ⅓ TL Kardamompulver

● Erdmandelmilch, Agavendicksaft und ½ TL Zimt in den Mixer geben und vermengen.

● Alle Zutaten in den Mixer geben und vermengen.

● Eiswürfel in Gläser geben, Erdmandel-Horchata darübergeben und mit dem restlichen Zimt bestreuen.

Variante Die Erdmandelmilch kannst du auch durch Mandelmilch ersetzen.

Kokos-Erdbeer-Shake

>> Kokosmus wird aus dem Fruchtfleisch der Kokosnüsse hergestellt, ist in Rohkostqualität sehr cremig und hat einen intensiven Geschmack.

Glutenfrei, roh
Für 2 Portionen • exotische Zutaten
⊘ 10 Min.

500 ml Kokosmilch • 125 g Erdbeeren • 1 TL Kokosblütenzucker • 1 EL Kokosmus

• Alle Zutaten in den Mixer geben und vermengen.

Matchaccino

>> Matchaccino ist eine kalte Variante eines Milchkaffees, bei dem anstatt Kaffee Matcha verwendet wird.

Glutenfrei
Für 2 Portionen • gelingt leicht
⊘ 10 Min.

500 ml Milchalternative • 2 TL Matchapulver • 2 TL Ahornsirup • $\frac{1}{3}$ TL Vanillepulver • Eiswürfel

• Alle Zutaten, bis auf die Eiswürfel, in den Mixer geben und vermengen.

• Eiswürfel in Gläser geben und mit dem Matcha-Frappuccino übergießen.

Tipp Schmeckt hervorragend mit einer Milchalternative aus Kokosnuss.

Heidelbeer-Mandelmilch-Drink

>> Durch Buchweizen wird aus diesem Drink ein reichhaltiger Smoothie, der auch zum Frühstück super schmeckt.

Glutenfrei, roh
Für 2 Portionen • braucht etwas mehr Zeit
⊘ 10 Min. + 2 Std. Einweichzeit

200 g Buchweizensaat • etwas Wasser • 200 g Heidelbeeren • 400 ml Mandelmilch • 1 TL Lucumapulver • ⅓ TL Vanillepulver

● Buchweizen in einer Schale mit Wasser bedecken und 2 Std. einweichen lassen.

● Beeren waschen und verlesen.

● Alle Zutaten in den Mixer geben und pürieren.

Variante Die Heidelbeeren können auch durch andere Früchte ersetzt werden.

Kokos-Orangen-Nice-Shake

>> Ein »Nice Shake« ist ein eiskalter Milchshake, für den eine Milchalternative mit gefrorenen Früchten und Gewürzen vermengt wird.

Glutenfrei, roh
Für 2 Portionen • gut vorzubereiten
⊘ 10 Min. + 6 Std. Gefrierzeit

2 Bananen • ½ TL Orangenschale • 400 ml Orangensaft • 200 ml Kokosmilch • ½ TL Vanillepulver • 1 TL Kokosblütenzucker

● Bananen schälen, in Scheiben schneiden und einfrieren.

● Nach etwa 6 Std. alle Zutaten in den Mixer geben und pürieren.

Bananen-Erdnuss-Shake

>> Mit diesem reichhaltigen Powershake hätten wir Elvis Presley vermutlich einen Hüftschwung nach dem anderen entlocken können.

Glutenfrei
Für 2 Portionen • gut vorzubereiten
⊘ 10 Min. + 6 Std. Gefrierzeit

3 Bananen • 3 EL Erdnussmus • 500 ml Mandelmilch • ⅓ TL Vanillepulver • 30 g vegane Schokoladentropfen, z. B. Zartbitter von Rapunzel

● Bananen schälen, in Scheiben schneiden und einfrieren.

● Kurz angetaute Bananen, Erdnussmus, Mandelmilch und Vanillepulver in den Mixer geben und pürieren.

● Schokoladentropfen dazugeben und nochmals 5 Sekunden mixen.

Würzige Schokolade mit Chili

>> Schokolade verschönert das Leben und Chili gibt ihm eine besondere Würze. Kein Wunder, dass beides im Milchgetränk perfekt harmoniert.

Glutenfrei
Für 2 Portionen • gelingt leicht
⊘ 15 Min.

100 g Zartbitterschokolade • 400 ml Mandelmilch • ⅓ TL Zimtpulver • ⅓ TL Kardamom • 1 Msp. Chilipulver

● Schokolade stückeln und im Mixer raspeln.

● Restliche Zutaten in den Mixer geben und so lange mixen, bis die Schokolade erwärmt ist.

Variante Füge 1–2 TL Kaffeepulver hinzu.

◆▸ Bananen-Erdnuss-Shake

Möhrchenkuchen im Glas

>> Dieser Smoothie auf Basis einer Milchalternative mit veganem Joghurt erinnert an einen saftigen Möhrenkuchen.

Roh
Für 2 Portionen • gelingt leicht
⊘ 10 Min.

2 kleine Möhren • 250 g einer Milchalternative • 100 g veganer Naturjoghurt • 100 g Ananas ohne Schale • 25 g Haferflocken • 3 TL Walnüsse • 1 TL Kokosflocken

● Möhren gründlich reinigen und grob stückeln.

● Alle Zutaten in den Mixer geben und fein pürieren.

Fuel-up-Shake

>> Dieser Shake ist super für alle, die noch viel vorhaben, denn er gibt sofort viel Energie, die tatsächlich anhält.

Glutenfrei
Für 2 Portionen • geht schnell
⊘ 10 Min.

1–2 Bananen • 300 ml Mandelmilch • ½ TL Vanillepulver • ½–1 TL Erdnussmus • 1 TL Schokoladen-Haselnuss-Aufstrich (Seite 65) • 1–2 TL Hanf- oder Reisproteinpulver • 1 TL Macapulver • 2 TL Sesamsaat

● Bananen schälen und in kleine Stücke schneiden.

● Alle Zutaten in den Mixer geben und fein pürieren. Ggf. mehr Mandelmilch hinzufügen, sollte der Shake zu dickflüssig sein.

Khorasan-Milch mit Goji-Beeren

>> Khorasan ist ein Urgetreide, das vor allem unter dem Namen Kamut bekannt ist und einen leicht nussigen Geschmack hat.

Ohne Nüsse, roh
Für 2 Portionen • exotische Zutaten
⊘ 10 Min.

500 ml Khorasanmilch • 100 g getrocknete Goji-Beeren • 1 TL Kokosblütensirup • 1 Prise Salz

● Alle Zutaten in den Mixer geben und pürieren.

Grüner Haferflocken-Smoothie

>> Ein gesunder Smoothie mit Haferflocken eignet sich hervorragend als sättigende Zwischenmahlzeit.

Roh
Für 2 Portionen • geht schnell
⊘ 10 Min.

75 g Grünkohl • 300 g Früchte nach Wahl, z. B. Mango und Ananas • 30 g Haferflocken • 400 ml einer nussfreien Milchalternative

● Grünkohl waschen und verlesen.

● Früchte schälen und zerkleinern.

● Alle Zutaten in den Mixer geben und pürieren.

Müsli-Smoothie

>> Eine Frühstücksvariante, die ich mir gerne für unterwegs zubereite, wenn es schnell gehen muss. Einfach in ein Glas mit Schraubdeckel füllen.

Ohne Nüsse
Für 2 Portionen • gelingt leicht
⊘ 10 Min.

80 g gebackenes Müsli nach Belieben, z.B. Granola • 400 ml einer Milchalternative • ggf. frische Früchte nach Wahl

● Alle Zutaten in den Mixer geben und pürieren.

Tipp Schmeckt am besten mit einem »Homemade Granola«, das schnell und einfach zubereitet ist. Rezepte findest du im Internet, z.B. in meinem Blog »A Very Vegan Life«.

Death-by-Chocolate-Smoothie

>> Dieser cremig-schokoladige Smoothie mit Avocado ist eine ultimative Schokoladen-Bombe und kann auch wahre Chocoholics begeistern.

Roh
Für 2 Portionen • geht schnell
⊘ 10 Min.

1 Avocado • 400 ml Milchalternative, z.B. Mandelmilch • 2 EL Kakaopulver • 1 TL Sesamsaat • Eiswürfel • 1 TL Kakaonibs

● Fruchtfleisch der Avocado mit einem Löffel aus der Schale lösen und in den Mixer geben.

● Milchalternative, Kakaopulver und Sesamsaat dazugeben und die Zutaten fein pürieren.

● Eiswürfel auf Gläser verteilen und das Getränk darübergießen.

● Kakaonibs als Topping über die Smoothies geben.

AUFSTRICHE & PESTOS

Mit einem Hochleistungsmixer und hochwertigen Zutaten sind Rezepte für Aufstriche und Pestos schnell und unkompliziert umgesetzt – und immer ohne zweifelhafte Zusatzstoffe.

Alle Aufstriche können klassisch auf frischem Brot genossen werden, doch schmecken Rote-Bete-Aufstrich, Harissa-Hummus oder die Auberginencreme auch herrlich als Beigabe zu gemischtem Salat, in Wraps oder auch zu Ofen- oder Grillgemüse.

Pesto-Rezepte verfeinern deine Gerichte und können durch den Austausch von Kräutern, Nüssen und Kernen immer wieder abwechslungsreich zubereitet werden. Herzhaftere Rezepte können deinen Salat als Vinaigrette bereichern, Suppen ergänzen, als Marinade herhalten oder auch Gemüse einen besonderen Twist verleihen.

Aufbewahren lassen sich Aufstriche und Pestos in Delikatessengläsern (z. B. von WECK). Im Kühlschrank halten sie sich bis zu 5 Tage.

◀◀ Rote-Bete-Aufstrich mit Walnüssen (Seite 56)

Rote-Bete-Aufstrich mit Walnüssen

》》 Rote Bete hat einen hohen Anteil an Vitamin B, Eisen und Folsäure. Sie taucht diesen Aufstrich in ein kräftiges Pink.

Glutenfrei
Für 1 Glas • braucht etwas mehr Zeit
⊘ 10 Min. + 1 Std. Backzeit

2 rote Bete • 1 Zwiebel • 125 g Sonnenblumenkerne • 50 ml Sonnenblumenöl • ½–1 EL Agavendicksaft • ½ Zitrone • Salz • Pfeffer

● Backofen auf 200 °C (Umluft: 180 °C) vorheizen. Rote Bete waschen, auf einem Blech mit Backpapier 45–60 Min. garen. Zwiebel häuten, grob stückeln und 20 Min. in den heißen Backofen legen.

● Rote Bete abkühlen lassen, schälen und ebenfalls grob stückeln.

● Rote Bete, Zwiebeln, Sonnenblumenkerne, Öl und Agavendicksaft pürieren.

● Zitrone entsaften, den Saft unter die Rote-Bete-Mischung rühren. Mit Salz und Pfeffer abschmecken.

Grünkohl-Pesto mit Haselnüssen

》》 Grünkohl weist einen enormen Vitamin-C-Anteil auf und passt geschmacklich hervorragend zu aromatischen Haselnüssen.

Glutenfrei
Für 1 Glas • gelingt leicht
⊘ 20 Min.

100 g Grünkohl • 2 EL Limettensaft • 50 g Haselnüsse • 25 g Basilikum • 50 ml Olivenöl

● Grünkohl waschen und verlesen.

● Limettensaft in die Grünkohlblätter einmassieren, sodass diese weich werden.

● Haselnüsse in einer Pfanne ohne Öl rösten.

● Alle Zutaten in einen Mixer geben und hacken.

Das passt dazu Pasta

Auberginencreme

>> Diese Creme schmeckt herrlich zu frischem Brot und auch als Sauce für Bowl-Gerichte, Sandwiches und Wraps.

Glutenfrei
Für 1 kleines Glas • gut vorzubereiten
⊘ 55 Min.

1 große Aubergine • 1 Knoblauchzehe • ½ Zitrone • 2–3 TL veganer Joghurt • 50 ml Olivenöl • 2 TL Tahinpaste • Salz • Pfeffer

● Backofen mit Grillfunktion auf 200 °C (Umluft + Grillfunktion: 180 °C) vorheizen.

● Aubergine mit einer Gabel einstechen, im Backofen ungefähr 45 Min. rösten. Aubergine teilen, Fruchtfleisch mit einem Löffel herauskratzen und in den Mixer geben.

● Knoblauchzehe häuten, Zitrone entsaften. Zusammen mit den restlichen Zutaten in den Mixer geben und fein pürieren.

● Mit Salz und Pfeffer abschmecken.

Scharfer Harissa-Hummus

>> Harissa ist eine nordafrikanische Würzpaste, die vor allem aus Chilis, Knoblauch und Gewürzen besteht. Der Schärfegrad kann variieren.

Glutenfrei
Für 1 Glas • geht schnell
⊘ 10 Min.

150 g Kichererbsen im Glas • 2 EL Zitronensaft • 2 EL Tahinpaste • 1–2 EL Harissapaste • Salz • Pfeffer

● Kichererbsen abspülen.

● Alle Zutaten in einen Mixer geben und pürieren.

● Mit Salz und Pfeffer abschmecken.

Rauchig-scharfer Black-Bean-Dip

>> Black Beans sind ein wichtiger Bestandteil der südamerikanischen Küche und passen gut zu geräucherten Chilis.

Glutenfrei
Für 1 Glas • geht schnell
⊘ 10 Min. + 12 Std. Einweichzeit + 2 Std. Kochzeit

100 g getrocknete Black Beans • 1 Chipotle-Chili • etwas Wasser • 1 Knoblauchzehe • 4 EL Olivenöl • ⅓–½ TL Kreuzkümmelpulver • ½ Limette • 25 g Koriander • Salz

● Black Beans nach Anleitung zubereiten. Chili kurz in einer Pfanne anrösten, 20 Min. in Wasser einlegen.

● Knoblauch häuten und mit 2 EL Öl anbraten, nach 1 Min. Kreuzkümmel und Chili dazugeben. Limette entsaften. Mit den Black Beans in die Pfanne geben und aufkochen lassen.

● Black-Bean-Mischung pürieren. Koriander hacken und mit 2 EL Olivenöl in den Aufstrich einrühren. Mit Salz abschmecken.

Koriander-Erdnuss-Pesto

>> Koriander ist eine Gewürz- und Heilpflanze und hat einen unverkennbaren Geschmack. Er lässt sich auch auf der Fensterbank ziehen.

Glutenfrei
Für 1 kleines Glas • geht schnell
⊘ 10 Min.

1 Knoblauchzehe • 1 rote Jalapeño • 50 g Koriander • 2 EL Erdnüsse, ungesalzen • 100 ml Olivenöl • Salz • Pfeffer

● Knoblauchzehe häuten.

● Stiel der Jalapeño entfernen, der Länge nach aufschneiden und mit einem Löffel die Kerne herauskratzen.

● Alle Zutaten in den Mixer geben und hacken.

● Mit Salz und Pfeffer abschmecken.

Das passt dazu Bratnudeln, asiatischer Reisnudelsalat

⟫ Koriander-Erdnuss-Pesto

Erdnuss-Hummus

>> Das Wort »Hummus« bedeutet »Kichererbse«. Diese bilden die Basis für die Variante der arabischen Spezialität mit Erdnuss.

Glutenfrei
Für 1 Glas • geht schnell
⊘ 10 Min.

150 g Kichererbsen im Glas • ½ Zitrone • 2 EL Tahinpaste • 3 EL Erdnussmus • Salz • Pfeffer

● Kichererbsen abspülen, Zitrone auspressen.

● Kichererbsen und Saft mit den restlichen Zutaten in einen Mixer geben und pürieren.

● Mit Salz und Pfeffer abschmecken.

Variante Wer es lieber »crunchy« mag, kann nach dem Mixen noch gehackte Erdnüsse unterrühren.

Minze-Thai-Basilikum-Pesto

>> Für dieses Pesto nutze ich gerne Horapa, das thailändische Basilikum mit lieblicher Note, und fruchtige Minzesorten.

Glutenfrei, roh
Für 1 kleines Glas • gelingt leicht
⊘ 10 Min.

50 g Minze, z. B. Limonenminze, Ananasminze • 25 g Thai-Basilikum (Horapa) • 50 ml Olivenöl • 2 EL Mandeln • 1 EL Pistazien ohne Schale • 1 EL Reissirup • ½ TL Salz

● Minze und Thai-Basilikum waschen, trocken tupfen und verlesen.

● Alle Zutaten in einen Mixer geben und hacken.

Das passt dazu veganer Joghurt, z. B. mit frischen (Erd-)Beeren, Eis

Jalapeño-Pesto

Cream »Cheese«

>> Die Schärfe von Jalapeños konzentriert sich in Form von Capsaicin in den Kernen. Wer es schärfer mag, kann die Kerne daher auch nutzen.

Glutenfrei, roh
Für 1 Glas • geht schnell
⊘ 10 Min.

10 Jalapeños • 30 g Petersilie • 20 g Koriander • 4 Knoblauchzehen • 2 EL Cashewkerne • 50 ml Olivenöl • Salz • Pfeffer

● Jalapeños waschen, Stiele entfernen, der Länge nach aufschneiden und die Kerne mit einem Löffel herauskratzen.

● Alle Zutaten in einen Mixer geben und hacken.

● Mit Salz und Pfeffer abschmecken.

Das passt dazu Bowl-Gerichte, Pasta

>> Dieses Rezept kannst du nach Belieben immer wieder mit unterschiedlichen Kräutern oder mit interessanten Gewürzzubereitungen abwandeln.

Glutenfrei
Für 1 Glas • gut vorzubereiten
⊘ 10 Min. + 2 Tage

500 g zuckerfreier Sojajoghurt • 1 kleine Knoblauchzehe • 30–50 g frische Kräuter nach Belieben • ½ Zitrone • Salz • Pfeffer

● Sojajoghurt im Nussbeutel oder in einem Küchentuch 2 Tage über einer Schüssel an einem kühlen Ort abtropfen lassen. Beutel bzw. Tuch gut ausdrücken.

● Knoblauchzehe häuten. Kräuter waschen und verlesen. Zitrone entsaften.

● Alle Zutaten in den Mixer geben und hacken.

● Mit Salz und Pfeffer abschmecken.

Infused Butter mit Chipotle

» Schmeckt toll zu gegrilltem Gemüse wie Maiskolben und zu frischem Brot. Die »Butter« kann nach Belieben abgewandelt werden, z. B. mit Bärlauch oder Knoblauch in Kombination mit Kräutern oder Gewürzen.

Glutenfrei
Für 1 Rolle • gut vorzubereiten
⊘ 20 Min. + 30 Min. Kühlzeit

- 4 getrocknete Chipotle-Chilis, z. B. von Pfefferhaus
- 4 Knoblauchzehen
- 1 rote Jalapeño
- 500 g vegane Margarine, z. B. von Alsan
- Salz
- Pfeffer

● Chipotle-Chilis mit heißem Wasser bedeckt 10 Minuten einweichen, trocken tupfen.

● Knoblauch häuten. Jalapeño waschen, der Länge nach aufschneiden und die Kerne herauskratzen.

● Chipotle, Knoblauch und Jalapeño in den Mixer geben. Mit der Pulse-Taste die Zutaten fein hacken.

● Die weiche Margarine dazugeben. Alle Zutaten mit der Pulse-Taste vermengen. Mit Salz und Pfeffer abschmecken.

● Die Chipotle-Butter auf ein Stück Backpapier geben und zu einer Rolle formen.

● Im Backpapier fest einwickeln und in den Kühlschrank legen.

Brezelchen-Erdnuss-butter

>> Ich liebe Erdnussbutter! In Verbindung mit Salzbrezeln und Schokoladentropfen löst diese Variante bei mir wahre Euphoriestürme aus.

Glutenfrei
Für 1 Glas • gelingt leicht
⊘ 10 Min.

150 g Erdnüsse, ungesalzen, ohne Schale • ½ TL Salz • 3 EL Erdnussöl • 6–8 vegane Salzbrezeln, z. B. von Alnatura • 2–3 EL Schokoladentropfen, z. B. Zartbitter von Rapunzel

● Erdnüsse, Salz und Erdnussöl in den Mixer geben und fein pürieren.

● Salzbrezeln zur Erdnussbutter geben und kurz hacken.

● Schokoladentropfen unterrühren.

Das passt dazu frisches Brot, Pancakes

Brokkoli-Pesto

>> Brokkoli gehört zu meinen liebsten Gemüsesorten und überzeugt mit wertvollen Inhaltsstoffen wie Senfölglykosid und Vitamin C.

Glutenfrei
Für 1 kleines Glas • preisgünstig
⊘ 10 Min. + 10 Min. Kochzeit

200 g Brokkoli • 40 g Mandeln • 1 Knoblauchzehe • 2–3 TL Hefeflocken • 50 ml Olivenöl • 2 EL Zitronensaft • Salz • Pfeffer

● Brokkoli vom Strunk entfernen, in Röschen teilen und waschen. In kochendem Wasser kurz blanchieren.

● Mandeln in einer Pfanne ohne Öl rösten.

● Knoblauchzehe häuten.

● Alle Zutaten in einen Mixer geben und fein pürieren.

Das passt dazu Pasta, z. B. mit gerösteten Pinienkernen und Mandeln

Hazel-Chocolate

>> Mit diesem Rezept mixt du dir in kurzer Zeit deine Nuss-Schokoladen-Creme ganz einfach und schnell selbst.

Glutenfrei
Für 1 Glas • gut vorzubereiten
⊘ 15 Min.

350 g Haselnüsse • 1–2 TL Kokosöl •
3–4 TL Kakaopulver • ½ TL Vanillepulver • 2 TL Kakaonibs

● Haselnüsse ohne Öl in einer Pfanne anrösten.

● Alle Zutaten in den Mixer geben und fein pürieren.

Das passt dazu frisches Brot, Pancakes

Fruchtaufstrich mit Chiasamen

>> Dieser fruchtige Aufstrich gelingt ganz ohne Einkochen mit Gelierzucker, da Chiasamen die pürierten Früchte perfekt binden.

Glutenfrei
Für 1 Glas • braucht etwas mehr Zeit
⊘ 10 Min. + min. 3 Std. Quellzeit

300 g frische Beeren nach Wahl, z. B.
Him- oder Heidelbeeren • 3 EL Chia-
samen • 1–2 EL Kokosblütensirup oder
Reissirup • ½ TL Vanillepulver

● Beeren im Mixer fein pürieren.

● In eine Schale geben und Chiasamen, Kokosblütensirup und Vanillepulver unterrühren.

● Mindestens 2 Std. quellen lassen. Sollte der Fruchtaufstrich zu dünnflüssig sein, können mehr Chiasamen untergerührt werden.

Variante Die Beeren können auch durch andere Obstsorten ersetzt werden, z. B. durch Mangos.

◄ Fruchtaufstrich mit Chiasamen

SUPPEN

Suppen liebe ich zu jeder Jahreszeit – warm und auch gerne kalt. Das Beste: Mit einem Hochleistungsmixer sind diese ganz unkompliziert zubereitet und können sogar in dem Gerät, allein durch die Reibung, erhitzt werden. Mit diesem schonenden Verfahren bleiben zahlreiche Nährstoffe erhalten. Die Suppen sind nach dem Mixen so cremig, dass auf gehaltvolle Zutaten wie (pflanzliche) Sahne zumeist verzichtet werden kann.

Für warme Suppen gebe ich eine Mixzeit von etwa 5 Minuten an, da nur wenige Hochleistungsmixer über voreingestellte Programme verfügen. Die Temperatur der Suppen kann bei diesem Vorgang, allein durch die Reibung, bis fast 100 Grad ansteigen. Bei der Zubereitung von Suppen die Verschlusskappe des Mixers entfernen und die Öffnung mit einem Küchentuch abdecken, sodass der Dampf entweichen kann. Sobald Dampf aufsteigt, ist die Suppe erhitzt. Kalte Suppen sind in etwa 2 Minuten zubereitet und sollten danach noch ein paar Minuten ruhig stehen.

◀ Erbsen-Canellini-Suppe mit Minze (Seite 68)

Erbsen-Canellini-Suppe

>> Canellini-Bohnen machen die Suppe cremig, während Minze für eine angenehme Frische sorgt. Schmeckt besonders im Sommer (Bild S. 66).

Glutenfrei
Für 2 Portionen • geht schnell
🕙 10 Min. + ca. 5 Min. Mixzeit

2 EL Öl • 1 Zwiebel • 400 g Erbsen (TK) • 100 g Canellini-Bohnen (Glas) • 500 ml Wasser oder Gemüsebrühe • 6–8 Blätter Pfefferminze • Salz • Pfeffer

● Zwiebel häuten und grob würfeln.

● Alle Zutaten nach und nach in den Mixer geben und pürieren. Sollte die Suppe zu dickflüssig sein, kann mehr Wasser hinzugegeben werden.

● Mit Salz und Pfeffer abschmecken.

Scharfes Blumenkohl-Süppchen

>> Die Suppe aus Blumenkohl bekommt durch die Harissa-Paste eine schöne Schärfe. (Gerne serviere ich sie mit Thai-Basilikum und Jalapeños.)

Glutenfrei
Für 2 Portionen • gut vorzubereiten
🕙 10 Min. + 25 Min. Röstzeit + ca. 5 Min. Mixzeit

1 kleiner Blumenkohl • 2 Schalotten • 50 ml Olivenöl • 2–3 EL Harissa-Paste • 400 ml Wasser oder Gemüsebrühe • 200 ml Kokosmilch • ½ TL Reissirup • 1 EL Reisessig • Salz • Pfeffer

● Backofen mit Grillfunktion auf 200 °C (Umluft + Grillfunktion: 180 °C) vorheizen.

● Vom Blumenkohl Blätter und Strunk entfernen, in Röschen teilen und auf einem Blech mit Backpapier verteilen. Circa 25 Min. rösten, bis die Röschen eine bräunliche Farbe annehmen. Schalotten häuten und grob würfeln.

● Alle Zutaten im Mixer pürieren. Mit Salz und Pfeffer abschmecken.

Fenchel-Suppe mit Birne

>> Hier trifft die kräftige Knolle auf fruchtige Birne und konnte so auch stärkste Fenchel-Kritiker wie mich überzeugen.

Glutenfrei
Für 2 Portionen • geht schnell
⊘ 10 Min. + ca. 5 Min. Mixzeit

1 Schalotte • 1 Knoblauchzehe • 1–2 Fenchelknollen • 2 kleine Birnen • 1 EL Olivenöl • 600 ml Wasser oder Gemüsebrühe • Salz • Pfeffer

● Schalotte und Knoblauch häuten und grob hacken.

● Fenchel putzen, teilen, harte Stellen heraustrennen und in feine Streifen schneiden.

● Birnen waschen, schälen, entkernen und in Stücke schneiden.

● Alle Zutaten in den Mixer geben und pürieren. Mit Salz und Pfeffer abschmecken.

Das passt dazu vegane Hot Sauce, z. B. von Cholula.

Butternut-Süppchen mit Orange

>> Die Orange gibt der cremigen Kürbissuppe aus aromatischem Butternut-Kürbis einen fruchtig frischen Twist.

Glutenfrei
Für 2 Portionen • gelingt leicht
⊘ 10 Min. + ca. 5 Min. Mixzeit

400 g Butternut-Kürbis • 1 Orange • 2 Schalotten • 2 Knoblauchzehen • 500 ml Wasser oder Gemüsebrühe • 1 EL Olivenöl • ¼ TL Muskatnusspulver • Salz • Pfeffer

● Kürbis waschen, teilen, entkernen und würfeln. Orange schälen.

● Schalotten und Knoblauch häuten und grob hacken.

● Gemüsebrühe in den Mixer geben und die restlichen Zutaten nach und nach hinzufügen. Alles sehr fein pürieren und erhitzen. Sollte die Suppe zu dickflüssig sein, kann mehr Wasser hinzugegeben werden.

● Mit Salz und Pfeffer abschmecken.

Süßkartoffel-Suppe mit Popcorn

>> Das Rezept mit der ballaststoffreichen Knolle, die nicht mit der Kartoffel verwandt ist, wurde vor langer Zeit in meinem Blog »A Very Vegan Life« veröffentlicht und zählt noch heute zu den beliebtesten Rezepten.

Glutenfrei
Für 2 Portionen • exotische Zutaten
⊘ 10 Min. + ca. 5 Min. Mixzeit + 10 Min. Aufpoppzeit

- 300 g Süßkartoffeln
- 1 Schalotte
- 1 kleines Stück Ingwer
- 2 Knoblauchzehen
- 2 kleine Tomaten
- 500 ml Gemüsebrühe
- 2 EL Erdnussöl

- ½ TL Koriander
- ½ TL Cumin
- ½ TL Cayennepfeffer
- ½ TL Paprika
- ½ TL Sambal Oelek
- 100 ml Kokosmilch
- 3 EL Erdnussmus

- Salz, Pfeffer

Für das Popcorn:
- 3 EL Popcornmais
- ½–1 TL Paprikapulver, geräuchert

● Süßkartoffeln, Schalotte, Ingwer und Knoblauch schälen und würfeln. Tomaten würfeln.

● Brühe in den Mixer gießen, restliche Zutaten nach und nach dazugeben und fein pürieren. Wenn die Suppe zu dickflüssig ist, mehr Wasser hinzugeben. Mit Salz und Pfeffer abschmecken.

● Popcorn nach Anleitung zubereiten, mit Paprikapulver vermengen und über die Suppe geben.

Tomaten-Mango-Süppchen

≫ Tomaten und Mangos sind reich an Antioxidanzien und ergeben gemeinsam eine leckere Suppe, die sich warm und auch kalt zubereiten lässt.

Glutenfrei
Für 2 Portionen • gelingt leicht
⊘ 10 Min. + ca. 5 Min. Mixzeit

400 g Tomaten • ½ Mango • 1 rote Zwiebel • 1 Knoblauchzehe • 2 EL Olivenöl • 300 ml Wasser oder Gemüsebrühe • Salz • Pfeffer

● Tomaten waschen, Strunk entfernen und in Würfel schneiden.

● Mango teilen, entkernen und häuten. Fruchtfleisch würfeln.

● Zwiebel und Knoblauch häuten, Zwiebel würfeln.

● Alle Zutaten in den Mixer geben und pürieren. Sollte die Suppe zu dickflüssig sein, kann mehr Wasser hinzugegeben werden.

● Mit Salz und Pfeffer abschmecken.

Hummus-Suppe

≫ Für alle, die nicht genug von den kichernden Hülsenfrüchten bekommen können, ist diese Suppe eine geschmackvolle Variante.

Glutenfrei
Für 2 Portionen • geht schnell
⊘ 10 Min. + ca. 5 Min. Mixzeit

1 kleine Schalotte • 1 kleine Möhre • 325 g Kichererbsen (Glas) • 2–3 EL Tahinpaste • 2 EL Olivenöl • 400 ml Wasser o. Gemüsebrühe • ½ EL Kreuzkümmelpulver • ½ EL Kardamompulver • ¼ TL Zimtpulver • ½ TL Muskatnusspulver • Salz • Pfeffer

● Schalotte und Möhre schälen und grob stückeln.

● Kichererbsen abwaschen und abtropfen lassen.

● Alle Zutaten in den Mixer geben und pürieren. Sollte die Suppe zu dickflüssig sein, kann mehr Wasser hinzugegeben werden.

● Mit Salz und Pfeffer abschmecken.

Kürbissüppchen mit Ananas

>> Kürbisse gibt es in vielen unterschied-
lichen Formen und Farben. Für dieses
Rezept sind vor allem Sorten mit einer
dünnen Schale geeignet.

Glutenfrei
Für 2 Portionen • gelingt leicht
⊘ 10 Min. + ca. 5 Min. Mixzeit

350 g Kürbis, z. B. Butternut oder Hok-
kaido • 150 g Ananas ohne Schale •
2 Knoblauchzehen • 2–3 EL Olivenöl •
200 ml Kokosmilch • 100 ml Wasser o.
Gemüsebrühe • ½ TL Paprikapulver, geräuchert • Salz • Pfeffer

● Kürbis waschen, teilen, entkernen und in 2 × 2 cm große Würfel
schneiden.

● Alle Zutaten in den Mixer geben und
pürieren. Sollte die Suppe zu dickflüssig sein, kann mehr Wasser hinzugegeben werden.

● Mit Salz und Pfeffer abschmecken.

Kokosnusscreme- suppe mit Blattspinat

>> Dieses Rezept zählt schon seit vie-
len Jahren zu meinen absoluten Favori-
ten und ist mit dem Hochleistungsmixer
schnell zubereitet.

Glutenfrei
Für 2 Portionen • geht schnell
⊘ 10 Min. + ca. 5 Min. Mixzeit

1 Schalotte • 1 Knoblauchzehe • 200 g
Blattspinat • 2 EL neutrales Pflanzenöl •
200 ml Kokosmilch • 300 ml Wasser o.
Gemüsebrühe • Salz • Pfeffer

● Schalotte und Knoblauchzehe häuten. Schalotte grob würfeln.

● Spinat waschen und verlesen.

● Alle Zutaten in den Mixer geben und
fein pürieren. Sollte die Suppe zu dickflüssig sein, noch etwas Wasser hinzugeben.

● Mit Salz und Pfeffer abschmecken.

Enchilada-Suppe mit Tortilla-Streifen

》 Enchiladas sind traditionell ein mexikanisches Gericht, das je nach Region verschieden zubereitet wird. Mein liebstes Rezept war die Inspiration für meine Suppe mit knuspriger Tortilla-Einlage. Die Schärfe lässt sich variieren.

Glutenfrei
Für 2 Portionen • gelingt leicht
⊘ 10 Min. + ca. 5 Min. Mixzeit + 10 Min. Frittierzeit

Für die Suppe:
- 400 g Tomaten
- 2 Knoblauchzehen
- 1 kleine Zwiebel
- 2 EL Olivenöl
- 2 kleine rote Jalapeños
- 1 Knoblauchzehe
- ½ TL Kreuzkümmelpulver (Cumin)
- ½ TL Cayennepfeffer
- 300 ml Wasser o. Gemüsebrühe
- Salz
- Pfeffer

Für die Einlage:
- 2 kleine Weizentortillas
- 400 ml neutrales Pflanzenöl

● Tomaten waschen und würfeln. Zwiebel und Knoblauch schälen und würfeln.

● Alle Zutaten in den Mixer geben und pürieren. Sollte die Suppe zu dickflüssig sein, mehr Wasser hinzugeben. Mit Salz und Pfeffer abschmecken.

● Tortillas in ca. 2 cm breite Stücke schneiden und in heißem Öl frittieren. Als Einlage zur Suppe geben.

Das passt dazu gehackte Jalapeños, frischer Koriander

Feurige Black-Bean-Suppe

>> Schwarze Bohnen befinden sich bei mir immer im Vorratsschrank. Ich liebe ihren Geschmack und ihre Vielseitigkeit.

Glutenfrei
Für 2 Portionen • geht schnell
⊘ 10 Min. + ca. 5 Min. Mixzeit + mind. 4 Std. Einlegezeit

350 g getrocknete Black Beans • 1 kleine Zwiebel • 1 Knoblauchzehe • 2 EL neutrales Pflanzenöl • 400 ml Gemüsebrühe • 1–2 Chipotle Chiles en Adobo (Dose, z. B. von Pfefferhaus) • Salz • Pfeffer

● Black Beans einlegen und nach Anleitung kochen.

● Zwiebel und Knoblauch enthäuten, Zwiebel grob würfeln.

● Alle Zutaten in den Mixer geben und fein pürieren.

● Mit Salz und Pfeffer abschmecken.

Das passt dazu frischer Koriander, gewürfelte Paprika und Hot Sauce

Kürbissuppe mit Kichererbsen

>> Diese herbstliche Suppe mag ich besonders gern. Hin und wieder verfeinere ich sie mit aromatischem Zimtöl.

Glutenfrei
Für 2 Portionen • gelingt leicht
⊘ 10 Min. + ca. 5 Min. Mixzeit + 12 Std. Einweichzeit

125 g getrocknete Kichererbsen • 300 g Kürbis ohne Schale • 1 kleine Lauchstange • 2 EL neutrales Pflanzenöl • 1 Knoblauchzehe • 200 ml Gemüsebrühe • ½ TL Cumin • ½ TL Oregano • ½ TL Thymian • Salz • Pfeffer

● Kichererbsen 12 Std. in Wasser einlegen, nach Anleitung kochen.

● Kürbis entkernen und in 2 × 2 cm große Würfel schneiden. Lauch waschen und in Scheiben schneiden.

● Alle Zutaten, bis auf die Kichererbsen, im Mixer pürieren.

● Kichererbsen unter die heiße Suppe rühren und abschmecken.

Rote-Linsen-Kokos-Suppe

>> Rote Linsen haben einen hohen Anteil an Eiweiß und Kohlenhydraten und garen sehr schnell, sodass sie vorher nicht gekocht werden müssen.

Glutenfrei
Für 2 Portionen • geht schnell
⊘ 10 Min. + ca. 5 Min. Mixzeit

1 Schalotte • 1 Knoblauchzehe • 2 EL neutrales Pflanzenöl • 300 g rote Linsen • 200 ml Kokosmilch • 300 ml Wasser o. Gemüsebrühe • Salz • Pfeffer

● Schalotte häuten und grob würfeln.

● Knoblauch häuten.

● Alle Zutaten in den Mixer geben und pürieren. Sollte die Suppe zu dickflüssig sein, kann mehr Wasser oder Kokosmilch hinzugegeben werden.

● Mit Salz und Pfeffer abschmecken.

Variante Mit indischen Gewürzen, z.B. Chana Masala und Zimt, abschmecken.

Brokkoli-Avocado-Suppe

>> Diese Suppe schmeckt vor allem kalt, doch auch leicht erwärmt, und wird durch die Avocados wunderbar cremig.

Glutenfrei
Für 2 Portionen • gelingt leicht
⊘ 20 Min. + ca. 2 bzw. 5 Minuten Mixzeit

1–2 Knoblauchzehe(n) • 1 kleiner Brokkoli • 2 EL Öl • ½ Limette • 2 Avocados • 1 TL Apfelessig • 1 TL Agavendicksaft • 300 ml Wasser • Salz • Pfeffer • Korianderblätter

● Knoblauch häuten. Brokkoli waschen, Röschen in dünne Scheiben schneiden und bei hoher Temperatur mit Knoblauch in Öl kurz anbraten. Limette entsaften. Avocado-Fruchtfleisch mit Limettensaft beträufeln.

● Knoblauch, Brokkoli, Avocado, Apfelessig, Agavendicksaft und Wasser in den Mixer geben, fein pürieren und ggf. erhitzen. Mit Salz und Pfeffer abschmecken. Koriander hacken und über die Suppe geben.

Pinkes Beeren-süppchen mit Mango

>> Diese fruchtige Suppe kühlt im Sommer als leichtes Hauptgericht, kann mich allerdings auch das ganze Jahr über als Dessert begeistern.

Glutenfrei, roh
Für 2 Portionen • geht schnell
⊘ 10 Min. + 2 Min. Mixzeit

400 g Himbeeren • 1 Mango • ½ Limette • 2 EL Reissirup • ½–1 TL Zimtpulver • ½ TL Salz

● Himbeeren waschen und abtupfen.

● Mango schälen, entkernen und grob stückeln.

● Limette entsaften.

● Alle Zutaten in den Mixer geben und fein pürieren. Sollte die Suppe zu dickflüssig sein, mehr Wasser hinzugeben.

Tipp Gekühlt servieren.

Eat-your-Greens-Gazpacho

>> Gazpacho ist traditionell eine kalte Suppe, die aus Gemüse besteht und mit einer Einlage serviert wird.

Glutenfrei, roh
Für 2 Portionen • gut vorzubereiten
⊘ 10 Min. + 2 Min. Mixzeit + 1 Std. Abkühlzeit

500 g Spinat • ½ Bund Koriander • 2 Knoblauchzehen • 500 ml Kokoswasser • 1 kleine Chili, z. B. Bird Eye • 2 Limetten • ½ TL Kreuzkümmelpulver • 1 TL Pflanzenöl, z. B. Leinöl • 1 TL Sojasauce • Salz • Pfeffer

● Spinat und Koriander waschen und verlesen. Knoblauchzehen häuten.

● Alle Zutaten in den Mixer geben und pürieren. Mit Salz und Pfeffer abschmecken und kalt stellen.

Tipp Diese Suppe eignet sich auch hervorragend für unterwegs, zusammen mit gewürfelter Gurke, grünem Paprika und frischem Brot.

◁ Pinkes Beerensüppchen mit Mango

Zucchinisuppe mit Minze

》 Zucchinisuppe mit Minze ist für mich die perfekte Suppe für wärmere Tage, da sie leicht bekömmlich und angenehm frisch ist.

Glutenfrei
Für 2 Portionen • geht schnell
⊘ 10 Min. + ca. 5 Min. Mixzeit

1 Schalotte • 2 Knoblauchzehen • 500 g Zucchini • 1 kleine rote Jalapeño • ½ Limette • 2 EL neutrales Pflanzenöl • 400 ml Wasser o. Gemüsebrühe • 6–8 Blätter Pfefferminze • Salz • Pfeffer

● Schalotte und Knoblauch häuten und würfeln. Zucchini waschen und würfeln.

● Jalapeño waschen, Stiel entfernen, aufschneiden und die Kerne herauskratzen. Limette entsaften.

● Alle Zutaten im Mixer fein pürieren. Mit Salz und Pfeffer abschmecken.

Tipp Schmeckt auch kalt. Dafür die Suppe 2 Min. mixen und kalt stellen.

Käsige Brokkoli-Blumenkohl-Suppe

》 Nährstoffreiche Hefeflocken, die einen hohen Vitamin-B-Anteil haben, geben der Suppe einen würzig-pikanten Geschmack, der an Käse erinnert.

Glutenfrei
Für 2 Portionen • gelingt leicht
⊘ 10 Min. + ca. 5 Min. Mixzeit

1 rote Zwiebel • 300 g Brokkoli • 150 g Blumenkohl • 400 ml Wasser o. Gemüsebrühe • 2 EL Tahinpaste • ½ Zitrone • 1 Knoblauchzehe • 4 EL Hefeflocken • 2 EL Misopaste, z. B. Shiro Miso von Arche • ½ TL Thymian • Salz • Pfeffer

● Zwiebel schälen und in grobe Stücke schneiden.

● Strunk von Brokkoli und Blumenkohl abtrennen. Köpfe in viele kleine Röschen teilen und waschen.

● Alle Zutaten in den Mixer geben und pürieren.

● Mit Salz und Pfeffer abschmecken.

◆》 Käsige Brokkoli-Blumenkohl-Suppe

SALATE &
DRESSINGS

In diesem Kapitel findest du zwei meiner liebsten Salat-Rezepte, auf die ich immer wieder gerne zurückgreife. Außerdem stelle ich Rezepte für abwechslungsreiche Dressings vor, die du nach Belieben zu diesen oder natürlich auch zu anderen Salaten geben kannst. Die Salate können durch den Austausch einzelner Zutaten oder durch das Hinzufügen ungewöhnlicher Toppings, wie geröstete Schalotten, Wasabi-Nüsse oder gewürztes Popcorn, einfach und kreativ abgewandelt werden. Sei mutig, traue dich an unbekannte Zutaten heran, denn nur so werden dich die wilden Mischungen immer wieder begeistern und es kommt garantiert keine Langeweile auf.

Übrigens: Der Quinoa-Salat lässt sich hervorragend vorbereiten und in der Mittagspause verzehren. Das jeweilige Dressing sollte dabei immer erst kurz vor dem Verzehr über den Salat gegeben werden, damit das Gemüse bis dahin knackig-frisch bleibt. Zum Aufbewahren eignen sich kleine Einmachgläser mit Deckel oder für unterwegs Gläser mit Schraubverschluss.

◀◆ Super-Salat mit Quinoa (Seite 84) und Tahin-Dressing (Seite 85)

Super-Salat mit Quinoa

>> Zu diesem Salat mit Quinoa liebe ich vor allem cremige Dressings, wie das Mandel-Limetten-Dressing. Ist kein Grünkohl verfügbar, greife ich auf andere Kohlsorten zurück, z. B. Wirsing oder Schwarzkohl.

Glutenfrei
Für 2 Portionen • gut vorzubereiten
⊘ 15 Min. + 20 Min. Kochzeit

- 200 g Quinoa
- ½ Zitrone
- 100 g Grünkohl
- ½ Avocado
- ½ Salatgurke
- 125 g gemischter Blatt-salat
- 2 Möhren
- 15 g Pfefferminzblätter
- 2 EL Alfalfa- oder Radieschensprossen
- 2 EL Mandeln

● Quinoa abspülen und nach Anleitung kochen.

● Zitrone entsaften. Grünkohl waschen, verlesen und mit Zitronensaft einreiben.

● Avocado schälen und in Scheiben schneiden. Blattsalat und Gurke waschen und trocken tupfen, Gurke würfeln. Möhren schälen und hobeln. Pfefferminze fein hacken.

● Alles in einer Schüssel anrichten und Dressing nach Wahl hinzufügen.

● Mandeln kurz in einer Pfanne (ohne Öl!) rösten und mit den Sprossen über den Salat geben.

Variante Quinoa durch Linsen, z. B. Puy, Beluga oder auch grüne Linsen, ersetzen.

Mandel-Limetten-Dressing

>> Dieses Dressing schmeckt besonders gut zu grünen Salaten, eignet sich aber auch als Topping zu abwechslungsreichen Bowl-Gerichten.

Glutenfrei
Für 1 Glas • geht schnell
⊘ 10 Min.

1 kleines Stück Ingwer • 1 große Limette • 4–5 EL Mandelmus • 2 EL Sojasauce • 1–2 TL Kokosblütensirup

● Ingwer schälen und grob stückeln.

● Limette entsaften.

● Alle Zutaten in den Mixer geben und pürieren, bis das Dressing eine gleichmäßige Konsistenz hat.

Tahin-Dressing mit Orange

>> Tahin wird auch Tahini oder Tahina genannt und besteht nur aus sehr fein gemahlenen Sesamkörnern, geröstet und auch ungeröstet.

Glutenfrei
Für 1 Glas • geht schnell
⊘ 10 Min.

1 Orange • ½ Bund Koriander • 1–2 Knoblauchzehen • 1 TL Sojasauce • 1 Dattel, z. B. Medjool • 80 ml Olivenöl • 100 ml Tahinpaste

● Orange schälen und vierteln.

● Koriander waschen, Blätter von den Stängeln entfernen.

● Knoblauchzehen häuten.

● Alle Zutaten in den Mixer geben und pürieren, bis das Dressing eine gleichmäßige Konsistenz hat. Ggf. Wasser hinzufügen, sollte das Dressing zu dickflüssig sein.

Grüner Salat mit Apfel und Beeren

>> Saftige Früchte schmücken diesen grünen Salat, der durch eine tolle Vinaigrette, z. B. die Himbeer-Ahornsirup-Vinaigrette, noch besser wird. Statt der Heidelbeeren kannst du auch andere Beeren der Saison verwenden.

Glutenfrei
Für 2 Portionen • geht schnell
⊘ 20 Min.

- 4 EL Heidelbeeren
- 250 g Salatgurke
- 200 g gemischter Blattsalat
- 1 kleine Zwiebel
- ½ Apfel
- 8 Kirschtomaten
- ½ Bund Schnittlauch
- 200 g Tofu nach Wahl
- 2 EL Öl, z. B. Sesamöl
- 1 TL Pinienkerne
- 2 TL Haselnusskerne

● Blaubeeren, Gurke und Blattsalat waschen und trocken tupfen. Gurke in Scheiben schneiden.

● Zwiebel in Ringe schneiden.

● Apfel vierteln, entkernen und in Scheiben schneiden.

● Salat, Gurke, Zwiebel, Äpfel, Tomaten und Dressing nach Wahl in eine Schale geben.

● Schnittlauch in Röllchen schneiden.

● Tofu auspressen, mundgerecht würfeln und anbraten.

● Pinienkerne und Nüsse in einer Pfanne (ohne Öl) rösten.

● Schnittlauch, Tofu, Pinienkerne, Nüsse und Blaubeeren als Topping auf den Salat geben.

Tipp Süße Zwiebeln machen sich auch gut in Salaten.

◆> Grüner Salat mit Apfel und Beeren und Granatapfel-Vinaigrette (Seite 88)

Granatapfel-Vinaigrette

>> Um ein »Granatapfel-Massaker« zu umgehen, kannst du Hälften auch entsaften. Die Kerne im Dressing geben der Vinaigrette allerdings mehr Biss.

Glutenfrei
Für 1 Glas • gelingt leicht
⊘ 10 Min.

1 kleiner Granatapfel • 1–2 TL Reissirup • 1 EL veganer Rotweinessig, z. B. von Byodo • 50 ml Olivenöl • Salz • Pfeffer

● Granatapfel teilen. Mit einem Holzlöffel die Kerne aus den Schalen lösen, indem sie über einer Schüssel aus den Hälften geschlagen werden.

● Kerne und die restlichen Zutaten in den Mixer geben und pürieren, bis die Vinaigrette eine gleichmäßige Konsistenz hat. Ggf. mehr Essig und Öl hinzufügen, sollte die Vinaigrette zu dickflüssig sein.

Sesam-Chili-Vinaigrette

>> Diese Vinaigrette passt sehr gut zu Salaten mit asiatischem Twist, z. B. mit Gurke und thailändischer Aubergine.

Glutenfrei
Für 1 Glas • gelingt leicht
⊘ 10 Min.

1 Knoblauchzehe • 1 kleine rote Chili • 2 TL Reissirup • 50 ml Reisessig • 50 ml Rapsöl • 2–3 EL Sesamöl • 1 TL Sesamsaat

● Knoblauchzehe häuten. Chili waschen, Stiel entfernen, aufschneiden und Kerne herauskratzen.

● Alle Zutaten, bis auf die Sesamsaat, in den Mixer geben und pürieren, bis die Vinaigrette eine gleichmäßige Konsistenz hat. Ggf. mehr Essig und Öl hinzufügen, sollte die Vinaigrette zu dickflüssig sein.

● Die Sesamsaat in einer Pfanne (ohne Öl) rösten und zur Vinaigrette geben.

Variante Wer es fruchtiger mag, gibt ein Stückchen frische Ananas hinzu.

Erdnuss-Dressing mit Ingwer

》 Diese aufregend-schmackhafte Kombination sorgt mit ihrer leichten Schärfe für einen asiatischen Twist in deiner Salatschüssel.

Glutenfrei
Für 1 Glas • gelingt leicht
⊘ 10 Min.

1 Limette • 1 kleines Stück Ingwer • 75 g Erdnüsse • 100 ml Wasser • 3–4 EL Sojasauce • ½–1 TL Chiliflocken

● Limette entsaften.

● Saft mit den restlichen Zutaten in den Mixer geben und pürieren, bis das Dressing eine gleichmäßige Konsistenz hat. Ggf. mehr Wasser hinzugeben, sollte das Dressing zu dickflüssig sein.

Tipp Das Dressing eignet sich auch als leckerer Aufstrich, wenn du weniger Wasser hinzugibst.

Rauchiges Cashew-Paprika-Dressing

》 Soll es herzhafter in meiner Salatschüssel zugehen, dann führt kein Weg an diesem rauchigen Dressing vorbei.

Glutenfrei
Für 1 Glas • gelingt leicht
⊘ 10 Min.

½ Zitrone • 1 Knoblauchzehe • 75 g Cashewkerne • 3 TL Miso-Paste, z. B. Shiro Miso von Arche • ½–1 TL Paprikapulver, geräuchert • 125 ml Wasser

● Zitrone auspressen, Knoblauchzehe häuten.

● Alle Zutaten in den Mixer geben und pürieren, bis das Dressing eine gleichmäßige Konsistenz hat. Ggf. mehr Wasser hinzufügen, sollte das Dressing zu dickflüssig sein.

Koriander-Limetten-Dressing

》 Dieses Dressing liebe ich nicht nur zu Salat, sondern auch als Marinade zu Carpaccio aus Mango und Avocado.

Glutenfrei
Für 1 Glas • geht schnell
⊘ 10 Min.

1 Knoblauchzehe • ½ kleine Zwiebel • ½ Bund Koriander • 75 g Cashewkerne • 1–2 Limetten • ½–1 TL Chiliflocken • ½ TL Reissirup • 1 TL Salatöl • 125 ml Wasser

● Knoblauchzehe und Zwiebel häuten und grob stückeln.

● Koriander gründlich waschen, trocken tupfen und die Blätter von den Stängeln zupfen. Limette entsaften.

● Alle Zutaten in den Mixer geben und pürieren, bis das Dressing eine gleichmäßige Konsistenz hat. Ggf. mehr Wasser hinzufügen, sollte das Dressing zu dickflüssig sein.

Himbeer-Ahornsirup-Vinaigrette

》 Diese Vinaigrette sorgt für eine fruchtig-saftige Salatsauce und passt besonders gut zu grünen Salaten.

Glutenfrei
Für 1 Glas • geht schnell
⊘ 10 Min.

50 g Himbeeren • 125 ml Olivenöl • 50 ml Wasser • 3 TL Condimento Bianco, z. B. von Byodo • 1–2 EL Ahornsirup • Salz • Pfeffer

● Himbeeren waschen und abtupfen.

● Alle Zutaten in den Mixer geben und pürieren, bis die Vinaigrette eine gleichmäßige Konsistenz hat. Ggf. mehr Wasser hinzugeben, sollte die Vinaigrette zu dickflüssig sein.

◆》 Himbeer-Ahornsirup-Vinaigrette

Avocado-Dressing

》 Avocados sind reich an Vitamin E und haben einen hohen Fettanteil, der hauptsächlich aus einfach ungesättigten Fettsäuren besteht.

Glutenfrei
Für 1 Glas • geht schnell
⊘ 10 Min.

2 Knoblauchzehen • ½ kleine Zwiebel • 1 Limette • 1 Avocado • 1–2 TL Olivenöl • 200 ml Wasser • 1 TL Paprikapulver, scharf • Salz • Pfeffer

● Knoblauchzehen und Zwiebel häuten, Zwiebel grob stückeln. Limette auspressen.

● Avocado teilen, Kern entfernen und das Fruchtfleisch mit einem Löffel aus der Schale kratzen.

● Fruchtfleisch mit den restlichen Zutaten in den Mixer geben und pürieren, bis das Dressing eine gleichmäßige Konsistenz hat. Ggf. mehr Wasser hinzufügen, sollte das Dressing zu dickflüssig sein.

Joghurt-Dressing mit Orange

》 Das Dressing kann auch problemlos ohne Mixer zubereitet werden, aber im Mixer wird es besonders cremig.

Glutenfrei
Für 1 Glas • gelingt leicht
⊘ 10 Min.

150 g veganer Joghurt ohne Zucker • 75 ml veganer Orangensaft, z. B. von Voelkel • 1 EL Reissirup • ⅓ TL Zimt • Salz • Pfeffer

● Alle Zutaten in den Mixer geben und pürieren, bis das Dressing eine gleichmäßige Konsistenz hat.

Miso-Dressing mit Algenflocken

≫ Miso ist eine japanische Paste aus Sojabohnen mit Reis oder Gerste. Durch einen Schimmelpilz erhält sie ihren ein-
zigartigen Geschmack.

Glutenfrei
Für 1 Glas • exotische Zutaten
⊘ 10 Min.

1 Knoblauchzehe • 1 kleines Stück Ing
wer • 5–6 TL Miso-Paste, z. B. Shiro Miso
von Arche • 1–2 TL Reissirup • 4 TL Reis-
wein • 3 EL Sesamöl • 3 EL Erdnussöl •
etwas Wasser • 1 EL Sesamsaat • 1 EL getrocknete Algenflocken, z. B. Nori von
Arche

● Knoblauchzehe häuten. Ingwer
schälen und grob stückeln.

● Alle Zutaten, bis auf Sesamsaat und
Algenflocken, in den Mixer geben und
mit Wasser pürieren, bis das Dressing
eine gleichmäßige Konsistenz hat.

● Sesamsaat und Algenflocken unter
das Dressing rühren.

Cremiges Seidentofu-Basic-Dressing

≫ Seidentofu ist eine tolle Basis für abwechslungsreiche, cremige Dressings,
deren Zutaten nach Belieben und Ver-
fügbarkeit variiert werden können.

Glutenfrei
Für ein Glas • geht schnell
⊘ 10 Min.

1 2 Knoblauchzehen • ½ Zitrone • 200 g
Seidentofu • 1 TL Essig • 2 TL Öl • ½ Bund
gemischte Kräuter nach Wahl • Salz •
Pfeffer

● Knoblauchzehen enthäuten. Zitrone
entsaften.

● Knoblauch, Zitronensaft, Seidentofu,
Essig und Öl im Mixer pürieren.

● Kräuter waschen und verlesen.
Ebenfalls in den Mixer geben und mit
der Pulse-Taste kurz hacken. Mit Salz
und Pfeffer abschmecken.

Tipp Mit geräuchertem Seidentofu
und aromatischen Gewürzmischungen
lassen sich immer wieder neue, inte-
ressante Varianten erzielen.

SÜSSES

Ob fruchtige Nice Creme mit Superfoods, rohköstlicher Käsekuchen oder glutenfreie Waffeln aus Quinoa mit frischen Früchten und Kokosflocken – ein Hochleistungsmixer hilft, auch solche Rezepte schnell umzusetzen.

Da ich Eis liebe, zu jeder Tages- und Jahreszeit, findest du in diesem Kapitel viele Rezepte. Für Eis am Stiel benötigst du Eisformen, die du überall im Handel bekommst. Die beliebte Nice Cream aus Bananen kannst du in kleinen Schälchen servieren.

Kokosflocken, Kakaonibs und frische Früchte machen sich besonders gut als Toppings. Schokoladensauce lässt sich schnell und einfach aus 30 ml Kokosblütensirup, 3–5 TL Kakaopulver und ⅓ TL Vanillepulver zubereiten. Pürierte Früchte ergeben mit etwas Kokosblütensirup leckere Fruchtsaucen.

Wem das noch nicht bunt genug ist, gibt Sprinkles (z. B. von Biovegan), zerkleinerte Kekse oder karamellisierte Erdnussriegel über das Eis. Für mich ist bei Toppings weniger niemals mehr, daher verwende ich diese gerne üppig.

◖ Quinoa-Hirse-Waffeln (Seite 96)

Chia-Kokos-Pudding mit Beeren

》 Chia-Pudding liebe ich als abwechslungsreiches Frühstück und auch immer wieder zwischendurch. Einfach lecker!

Glutenfrei, roh
Für 2 Portionen • gelingt leicht
⊘ 10 Min. + 15 Min. Quellzeit

400 ml Kokoswasser • ½ TL Kardamompulver • 6 Datteln • ½ TL Vanillepulver • ½ TL Salz • 4–5 EL Chiasamen • 2 EL Kokosflocken • 50 g frische Beeren, z. B. Himbeeren • 2 TL Hanfsamen

● Kokoswasser, Kardamompulver, Datteln, Vanille und Salz im Mixer fein pürieren.

● Auf Gläser aufteilen. Chiasamen unterrühren und 15 Min. quellen lassen.

● Mit Kokosflocken, Beeren und Hanfsamen servieren.

Variante Mit Kokosmilch und Kakaopulver anrühren und frische Mango anstatt Beeren verwenden.

Quinoa-Hirse-Waffeln

》 Die Waffeln (Bild S. 94) lassen sich auch herzhaft zubereiten, z. B. als Beilage zu Chili sin Carne. Dann Zimt, Vanillepulver und Ahornsirup weglassen.

Glutenfrei
Für 6–8 Waffeln • gut vorzubereiten
⊘ 10 Min. + 6 Std. Einweichzeit + 10 Min. Backzeit

180 g Quinoa • 180 g Hirse • 1 TL Backpulver • 1 TL Zimt • ½ TL Vanillepulver • 3 TL Ahornsirup • 1 TL Chiasamen • 100 ml Wasser • ¼ TL Salz • 2 TL Kokosöl

● Quinoa und Hirse in reichlich Wasser einweichen.

● Nach 6 Std. abgießen und mit Backpulver, Zimt, Vanillepulver, Ahornsirup, Chiasamen, Wasser und Salz im Mixer pürieren.

● Waffeleisen mit Kokosöl einfetten und Waffeln backen.

Das passt dazu Blaubeersauce mit Vanille, Spekuloos Spread und Sprinkles.

Pancakes mit Coconut-Bacon

» Diese Pancakes serviere ich sonntags gern mit frischen Früchten wie Heidelbeeren oder Mango sowie mit Ahornsirup und gehackten Pfefferminzblättern. Manchmal mische ich auch 1 TL Moringapulver unter den Teig.

Glutenfrei
Für 2 Portionen • gelingt leicht
⊘ 10 Min.

Für die Pancakes:
- 250 g glutenfreie Haferflocken
- 250 ml Mandelmilch
- 3 TL Ahornsirup
- 2 TL Apfelessig
- 1 TL Natron
- 1 TL Vanillepulver
- ½ TL Zimt
- ½ TL Salz
- 2 TL neutrales Pflanzenöl

Für den Coconut-Bacon:
- 75 g Kokosnuss-Chips, z. B. von Alnatura
- 1 TL glutenfreie Sojasauce
- 1 TL Ahornsirup
- ½–1 TL Liquid Hickory Smoke, z. B. von Mex Al

● Backofen auf 200 °C (Umluft: 180 °C) vorheizen.

● In einer Schüssel die Zutaten für den Coconut-Bacon vermengen. Die gewürzten Chips auf einem Blech 10–15 Min. in den Ofen schieben, je nach gewünschter Konsistenz. Abgekühlt später über die Pancakes geben.

● Haferflocken im Mixer zu Mehl verarbeiten. Alle Zutaten für die Pancakes im Mixer fein pürieren.

● Pflanzenöl erhitzen. Nacheinander kleine Pancakes backen.

Kokosreis mit Mango-Topping

>> Als »Soulfood« bezeichnet man die traditionelle Küche der Afroamerikaner, besonders in den Südstaaten der USA. Daher stammt auch die Idee zu diesem Kokosreis, der zusätzlich mit Kakao und Mango verwöhnt.

Glutenfrei
Für 2 Personen • gelingt leicht
⊘ 15 Min. + 20 Min. Kochzeit

- 200 g Rundkorn-Reis
- 350 ml Wasser
- 250 ml Kokosmilch
- Salz
- ½ TL Vanillepulver
- 2 EL Kokosblütenzucker
- 1 EL Kokosmus
- 2 EL Kakaopulver
- 1 Mango
- 4–5 Pfefferminzblätter
- 1 TL Kokosflocken
- 1 TL Kakaonibs

● Reis abspülen, im Mixer hacken.

● Wasser, Kokosmilch und Salz bei mittlerer Hitze zum Kochen bringen. Reis dazugeben und das Wasser verdampfen lassen.

● Vanillepulver, 1 EL Kokosblütenzucker und -mus unterrühren.

● Masse halbieren, in einen Teil Kakao einrühren, in Gläser schichten.

● Mango entkernen, schälen und mit 1 EL Kokosblütenzucker im Mixer fein pürieren. Auf die Reismasse geben.

● Pfefferminzblätter hacken, mit Kokosflocken und Kakaonibs auf die Gläser verteilen.

Möhrenkuchen mit Frost

》 Dieser vegane Kastenkuchen wird nicht gebacken. Durch das Frosting aus Cashewkernen bekommt er eine leckere Haube und ist sicher ein Highlight auf jeder Kaffeetafel – deine Gäste werden begeistert sein.

Roh
Für 1 Kastenform, 20 cm Länge • gut vorzubereiten
⊘ 20 Min. + 8 Std. Kühlzeit

Für den Kuchen:
- 200 g Hafersaat
- 4 Möhren
- 150 g Medjool-Datteln
- 175 g getrocknete Apfelscheiben
- 75 g Kokosraspel

- 1 TL Vanillepulver
- ⅓ TL Zimt
- ⅓ TL Kardamom
- Salz

Für das Frosting:
- 250 g Cashewkerne
- 1 Zitrone

- 3 EL Kokosöl
- 3–4 EL Kokosblütensirup
- Zimtpulver

● Hafersaat im Mixer fein mahlen.

● Möhren schälen, grob stückeln und mit den restlichen Zutaten im Mixer pürieren, bis ein Teig entsteht.

● Kuchenform so mit Backpapier auslegen, dass es an den Seiten weit übersteht. Teig in die Form pressen, mind. 8 Std. kühl stellen.

● Für das Frosting Cashewkerne 2 Std. einweichen und abwaschen. Zitronenschale abreiben, Zitrone entsaften.

● Alles im Mixer fein pürieren und auf dem Kuchen verteilen. Mit Zimtpulver bestreuen.

Crumble-Pie mit Äpfeln

≫ Je nach Jahreszeit, Angebot und Geschmack lässt sich die Crumble-Pie hervorragend auch mit anderem Obst, wie z. B. mit Heidelbeeren, mit Himbeeren oder mit Pfirsichen füllen. Probiere einfach aus, was dir am besten schmeckt.

Glutenfrei
Für eine Form Ø 20 cm • gelingt leicht
⊘ 20 Min. + ca. 35 Min. Backzeit

Für den Teig:
• 200 g glutenfreie Haferflocken
• 75 ml Milchalternative
• 50 g Kokosöl
• 1 EL Kokosblütenzucker
• ½ TL Zimt
• Salz

Für die Füllung:
• ½ Zitrone
• 3 Äpfel, z. B. Gala
• 2–3 EL Kokosblütenzucker
• ½ TL Zimt
• ½ TL Piment
• 2–3 EL Pekannüsse

◉ Backofen auf 200 °C (Umluft: 180 °C) vorheizen. Haferflocken in einer Pfanne (ohne Öl) rösten.

◉ Zutaten für den Teig in den Mixer geben und vermengen.

◉ Teig teilweise am Boden der Form andrücken, teils zu Streuseln formen.

◉ Für die Füllung die Zitrone entsaften.

◉ Äpfel waschen, entkernen, würfeln und mit Zitronensaft beträufeln. Gewürze unterrühren.

◉ Äpfel auf den Boden geben, mit Streuseln und Pekannüssen bedecken.

◉ Etwa 35 Min. im Ofen backen.

Veganer Käsekuchen mit Himbeeren

>> Dieser Kuchen ist sehr mächtig, daher nutze ich nur eine sehr kleine Form. Die Himbeeren kannst du auch mit einem Stäbchen in der Creme versenken, sodass sie erst beim Anschneiden sichtbar werden.

Glutenfrei, roh
Für eine kleine Backform Ø 12 cm • braucht etwas mehr Zeit
⊘ 20 Min. + 4 Std. Einweichzeit + 1 Std. Gefrierzeit

- 40 g Mandeln
- 130 g Cashewkerne
- 40 g Kokosflocken
- 3 Datteln
- 1 EL Kakaopulver
- 1 EL Kakaonibs
- ½ TL Salz
- ½ Bio-Zitrone
- 3–4 EL Kakaobutter
- 80 ml Mandelmilch
- 2 EL Agavendicksaft
- 1 TL Vanillepulver
- 10 Himbeeren

● Mandeln 4 Std. und Cashews 2 Std. in reichlich Wasser einweichen.

● Mandeln, Kokosflocken, Datteln, Kakaopulver, -nibs und Salz im Mixer vermengen. Masse an den Formboden und den -rand drücken.

● Zitronenschale abreiben. Kakaobutter im Mixer verflüssigen.

● Zitronenschale, Cashews, Mandelmilch, Agavendicksaft und Vanillepulver mit der Kakaobutter vermengen.

● Creme in die Form geben. Himbeeren darauf verteilen und 1 Std. ins Gefrierfach stellen.

Saftige Bohnen-Brownies

>> Chocoholics können sich an diesen gehaltvollen Brownies richtig austoben. Bohnen und Süßkartoffeln schmeckt man dabei nicht raus, doch sorgen sie für die »chewy« Konsistenz, die ich an Brownies so liebe.

Glutenfrei

Für einen Backrahmen: 20 cm × 30 cm • braucht etwas mehr Zeit

⏲ 10 Min. + 1 Std. Backzeit

- 150 g Mandelmehl, z. B. von Ölmühle Solling
- 100 g Kakaopulver
- 1 TL Backpulver
- ½ TL Salz

- 1 Süßkartoffel, ca. 200 g
- 150 g Black Beans (Dose)
- 1 TL Vanillepulver
- 100 ml Reissirup

- 1 EL Kokosöl
- 150 ml Wasser
- 4 EL backfeste Schokoladentropfen, z. B. von Rapunzel

● Backofen auf 200 °C (Umluft: 180 °C) vorheizen.

● Mandelmehl, Kakao, Backpulver und Salz in einer Schüssel vermengen.

● Süßkartoffel schälen, in Scheiben schneiden und weich kochen.

● Mit Black Beans, Vanillepulver, Reissirup, Kokosöl und Wasser im Mixer fein pürieren.

● Black-Beans-Mischung und Schokotropfen in die Schüssel geben und die Zutaten vermengen.

● Teig im Backrahmen 1 Std. backen.

Energy-Bites mit Matcha

>> Die Kugeln verschwinden genauso schnell im Mund, wie sie zubereitet wurden, und geben dir viel Energie für deine täglichen Abenteuer.

Glutenfrei, roh
Für 10–12 Stück • gut vorzubereiten
⊘ 10 Min. + 1 Std. Kühlzeit

100 g Mandeln • 50 g Kokosflocken • 50 g Datteln • 2 TL Kokosnussöl • 2 TL Wasser • 1 TL Matcha • 1–2 EL Goji-Beeren

● Mandeln und Kokosflocken im Mixer bei hoher Geschwindigkeit mahlen.

● Datteln, Kokosnussöl, Matcha und Wasser dazugeben und vermengen.

● Masse in eine Schüssel geben und die Goji-Beeren unterheben.

● Zu 10–12 Kugeln formen und etwa 1 Std. in den Kühlschrank stellen.

Cashewriegel mit Limette

>> Die Riegel mit sauer-würziger Limette sind ein energiegeladener Snack für Zwischendurch, der auch zu kleinen Küchlein geformt werden kann.

Glutenfrei, roh
Für einen Backrahmen: 15 × 10 cm • gut vorzubereiten
⊘ 20 Min. + 1 Std. Kühlzeit

350 g Cashewkerne • 3 Bio-Limetten • 2 Datteln • 4 TL Reissirup • ½ TL Salz • ¼ TL Kurkuma • 2 TL Kokosöl

● Cashews 2 Std. in reichlich Wasser einweichen. Limettenschale abreiben und Limetten entsaften.

● Für den Boden ⅓ des Safts, 250 g Cashews mit Datteln, 2 TL Reissirup und Salz im Mixer fein pürieren. Bodenteig gleichmäßig im Backrahmen verteilen und festdrücken.

● Für die Füllung restlichen Saft, 100 g Cashews, 2 TL Reissirup, Kurkuma und Kokosöl fein pürieren. Auf dem Boden verteilen. Limettenschalen daraufgeben. 1 Std. einfrieren. In Riegel teilen.

Erdbeer-Kokos-Eis mit Minze

Grünes Eis am Stiel

》》 Die Erdbeerzeit ist mir immer viel zu kurz, doch mit einer Menge Erdbeer-Kokos-Eis im Gefrierschrank lässt sie sich hinauszögern.

》》 Spirulina gehört zur Gattung der Cyanobakterien und wird aufgrund der hohen Nährstoffkonzentration als Superfood bezeichnet.

Glutenfrei, roh
Für 6–8 Portionen • gut vorzubereiten
⊘ 10 Min. + 8 Std. Gefrierzeit

400 g Erdbeeren • ½ Zitrone • 200 ml Kokosmilch • 1–2 EL Kokosblütensirup • ½ TL Vanillepulver • Salz • 6–8 Blätter Pfefferminze

● Erdbeeren waschen. Zitrone entsaften.

● Erdbeeren, Zitronensaft, Kokosmilch, -sirup, Vanillepulver und 1 Prise Salz im Mixer fein pürieren. Etwas Wasser dazugeben. Pfefferminze zur Mischung geben, kurz hacken.

● Eismasse in Formen geben und einfrieren.

Variante Wer mag, rührt noch Kokosflocken unter die Eismasse.

Glutenfrei, roh
Für 6–8 Portionen • gut vorzubereiten
⊘ 10 Min. + 8 Std. Gefrierzeit

2 kleine Äpfel • ½ Gurke • ½ Zitrone • 200 g Ananas ohne Schale • 300 ml Wasser • 2 EL Kokosblütensirup • ½ TL Spirulina-Alge

● Äpfel schälen, teilen, entkernen und vierteln.

● Gurke waschen und grob zerkleinern. Zitrone entsaften.

● Zitronensaft mit den restlichen Zutaten in den Mixer geben und sehr fein pürieren.

● Eismasse auf Eisformen aufteilen und einfrieren.

◈ Grünes Eis am Stiel

Mango-Chia-Eis

>> Chiasamen sind sehr vielseitig einsetzbar und lassen sich in fast jedes Rezept integrieren, sogar ins Eis.

Glutenfrei, roh
Für ca. 6–8 Portionen • gelingt leicht
⊘ 25 Min. + 8 Std. Gefrierzeit

2–3 Mangos • 200 ml Kokosmilch • 1–2 EL Kokosblütensirup • ½ TL Vanillepulver • 2 TL Chiasamen

● Mangos teilen, entkernen, schälen und grob stückeln.

● Fruchtfleisch mit Kokosmilch, Kokosblütensirup und Vanillepulver in den Mixer geben und fein pürieren.

● Chiasamen unter die Eismasse rühren und mind. 15 Min. ruhen lassen.

● Eismasse auf Formen verteilen und mind. 8 Std. einfrieren.

Variante Früchte der Saison statt Mangos verwenden.

Nice Cream – Grundrezept

>> Nice Cream kannst du mit Vanillepulver, Matcha, Kakao, Erdnussbutter oder weiteren Früchten geschmacklich schnell verändern.

Glutenfrei, roh
Für 2 Portionen • gelingt leicht
⊘ 10 Min. + mind. 4 Std. Gefrierzeit

3 Bananen

● Bananen schälen und in Scheiben schneiden. Einfrieren.

● Gefrorene Bananenstücke in den Mixer geben und pürieren.

Variante Nice Cream lässt sich auch mit anderen gefrorenen Früchten herstellen. Dazu kann ein Teil der Bananen z. B. durch Beeren oder auch Zitrusfrüchte ersetzt werden.

Green-Superfood-Nice-Cream

>> Matcha und Spirulina tauchen die Nice Cream in ein sattes Grün und gehören mit den anderen Zutaten zu meinem absoluten Nice-Cream-Favoriten.

Glutenfrei, roh
Für 2 Portionen • gut vorzubereiten
⊘ 10 Min. + 8 Std. Gefrierzeit

2 Bananen • 150 g Ananas ohne Schale • 4–6 Blätter Pfefferminze • 1 EL Matchapulver, z. B. von Aiya • ½ TL Spirulina-Pulver • 1 TL Lucuma-Pulver

● Schalen von Bananen und Ananas entfernen. Fruchtfleisch in etwa 2 cm dicke Stücke schneiden und einfrieren.

● Gefrorene Früchte antauen lassen, mit allen Zutaten in den Mixer geben und zu Eiscreme mixen.

Chocolate Lover's Nice-Cream

>> Wer Schokolade mag, wird diese Nice-Cream lieben. Superfoods machen das Eis zu einem gesunden Vergnügen.

Glutenfrei
Für 2 Portionen • gut vorzubereiten
⊘ 10 Min. + 8 Std. Gefrierzeit

4 Bananen • 2–3 Datteln • 2 El rohes Kakaopulver • 1 EL Kokosraspel • 1 EL Leinsamen • 1 EL Chiasamen • 1–2 TL Lucumapulver • 1 EL Kakaonibs

● Bananen schälen und in 2 cm dicke Stücke schneiden. Einfrieren.

● Nach mind. 8 Std. gefrorene Früchte kurz antauen lassen. Dann mit den weiteren Zutaten im Mixer zu Eiscreme mixen.

Tipp Mit Kakaonibs, gehackten Nüssen und Schokoladensauce servieren.

Täglich rotieren bei mir mehrfach die kleinen Messerchen meines Hochleistungsmixers und bringen allerhand Rezepte hervor. Manche dieser Gerichte, Leckereien, die ich dir nicht vorenthalten wollte, passen inhaltlich nicht in die vorangegangenen Kapitel, sollten allerdings unbedingt in dieses Buch, daher findest du sie nun hier am Schluss.

Das Instant-Oatmeal, das du dir nach Belieben mischen und auf Vorrat zubereiten kannst, sowie die Açaí-Bowl gehören dabei zu meinen liebsten Frühstücksideen. Quinoa-Tortillas und die Kale-Slaw-Bowl bereichern mir häufig die Mittagspausen, während der Knusperkohl, der sich sehr gut vorbereiten lässt, für mich unbedingt zu einem gelungenen Abend mit Filmen gehört. Marinierte Steaks aus Blumenkohl landen bei uns, kreativ abgewandelt, oft und gerne auf dem Grill, und blumiges Kohlpüree ist meine liebste Beilage, die fast immer und überall passt.

Die Hundekekse mit Banane hingegen sind das liebste Rezept meiner Mitbewohnerin Wilma, einer Französischen Bulldogge.

◂◂ Açaí-Bowl (Seite 112)

Açaí-Bowl

>> Die kleine Açaï-Superbeere ist in Südamerika beheimatet und erobert in Form von Pulver und Pürees nun auch die europäischen Küchen.

Glutenfrei, roh
Für 2 Portionen • gelingt leicht
⊘ 10 Min.

1–2 Bananen • 1 EL Dattelsirup oder 2–3 Datteln • 2–3 Paranüsse • 250 ml Milchalternative • 100 g Açaí-Püree, z. B. von Fine Fruits Club • 1 EL Chiasamen

● Bananen schälen und grob stückeln. Dattelsirup oder Datteln mit Bananenstücken, Paranüssen und Milchalternative im Mixer fein pürieren.

● Açaí-Püree dazugeben und bei hoher Geschwindigkeit mixen. Chiasamen unterrühren.

● Auf Schalen verteilen und mit Toppings nach Belieben servieren (Bild S. 110).

Schokoladiges Instant-Oatmeal

>> Mische dir Oatmeal nach deinem Geschmack und lege einen Vorrat an. Ergänze das Rezept nach Belieben mit Nüssen, getrockneten oder frischen Früchten.

Ohne Nüsse
Für ca. 12 Portionen • geht schnell
⊘ 10 Min.

500 g Haferflocken • 75–100 g Kokosnusszucker • ½ TL Salz • 4–5 EL Kakaopulver • 4 EL Kokosflocken • 4 EL getrocknete Goji-Beeren • Wasser o. Milchalternative

● 250 g Haferflocken im Mixer fein mahlen. Mit den restlichen Haferflocken in einer Schüssel vermengen. Kokosnusszucker, Salz, Kakaopulver, Kokosflocken und Goji-Beeren unterrühren, im Vorratsbehälter aufbewahren.

● Für die Zubereitung von 1 Portion etwa 50 g Instant-Oatmeal entnehmen, mit 125 ml warmem Wasser oder einer Milchalternative vermengen. Etwa 3 Min. ziehen lassen.

Quinoa-Frühstückspudding

>> Das Pseudogetreide Quinoa schmeckt nicht nur herzhaft, sondern auch gesüßt und kombiniert mit frischen Früchten.

Glutenfrei
Für 2 Portionen • gelingt leicht
⊘ 10 m Min. + 20 Min. Kochzeit

100 g Quinoa • 250 ml Milchalternative • ½ TL Zimt • ½ TL Vanillepulver • 3 EL Ahornsirup • 1 Apfel • 40 g Pekannüsse

● Quinoa abspülen. Mit der Milchalternative bei niedriger Temperatur köcheln lassen, bis die Flüssigkeit vollständig aufgenommen wurde.

● Die Hälfte des Quinoa mit Zimt, Vanillepulver und 1 EL Ahornsirup im Mixer pürieren. Mit dem restlichen Quinoa vermengen.

● Apfel in kleine Würfel schneiden. 2 EL Ahornsirup kurz aufkochen lassen. Apfelwürfel hineingeben, unter Rühren kurz anbraten und unter den Quinoa-Pudding heben. Pekannüsse hacken und über den Pudding geben.

Schoko-Overnight-Oats

>> Overnight Oats sind kleine Haferflocken-Mahlzeiten, die über Nacht im Kühlschrank stehen und aufquellen.

Ohne Nüsse
Für 2 Portionen • gut vorzubereiten
⊘ 10 Min. + 8 Std. Kühlzeit

80 g Haferflocken, sehr fein • 2 TL Kakaopulver • 200 g veganer Joghurt • ⅓ TL Vanillepulver • 50 ml Kokosmilch • 2 TL Kokosflocken • 100 ml Milchalternative

● Haferflocken auf zwei kleine Gläser aufteilen.

● Kakaopulver, Joghurt, Vanillepulver und Kokosmilch im Mixer vermengen, auf die Gläser verteilen und mit den Haferflocken vermengen. Über Nacht in den Kühlschrank stellen.

● Vor dem Servieren Milchalternative aufgießen und mit Kokosflocken bestreuen.

Das passt dazu getrocknete oder frische Beeren nach Wahl

Quinoa-Tortillas mit Hummus

>> Quinoa stammt ursprünglich aus Südamerika und wird auch die »Mutter aller Getreide« genannt. Es ist sehr reich an Proteinen und Mineralstoffen und kann vielfältig in herzhaften und auch süßen Gerichten verarbeitet werden.

Glutenfrei
Für 2 Portionen • gelingt leicht
⊘ 30 Min.

- 300 g Quinoa
- 1 TL Olivenöl
- 1 TL Backpulver
- 150 ml Wasser
- 40 g Babyspinat

- 1 kleine rote Zwiebel
- 1 gelbe Paprika
- 1 Avocado
- 4–5 EL Hummus
  (Seite 57)

- 40 g Sprossen,
  z. B. Alfalfa
- Salz
- Pfeffer

● Quinoa im Mixer fein mahlen. Öl, Backpulver und so viel Wasser dazugeben, dass eine knetbare Masse entsteht.

● Quinoa-Masse in vier gleich große Stücke teilen und zu flachen Tortillas formen. In einer Pfanne (ohne Öl) von beiden Seiten backen, bis sie leicht Farbe annehmen.

● Spinat waschen und verlesen. Zwiebel schälen und wie die Paprika in Streifen schneiden. Avocado schälen und in Scheiben schneiden.

● Hummus auf die Tortillas streichen. Die Füllung darübergeben, würzen und aufrollen.

Blumenkohl-Steaks mit Chimichurri-Pesto

>> Chimichurri ist eine Sauce, ähnlich wie Pesto, die auch als Marinade genutzt wird und vor allem in der argentinischen Küche sehr beliebt ist. Bei den Steaks kannst du mit abwechslungsreichen Marinaden experimentieren.

Glutenfrei

Für 6–8 Steaks • braucht etwas mehr Zeit

⊘ 20 Min. + 1 Std. Marinieren + 10 Min. Backzeit

Für das Chimichurri-Pesto:
- 2–3 große Jalapeños
- 2–3 Knoblauchzehen
- 25 g Oregano
- 25 g Koriander
- 50 ml Rotweinessig, z.B. von Byodo
- 75 ml Olivenöl
- Salz
- Pfeffer

Für die Steaks:
- 1 Blumenkohl
- neutrales Pflanzenöl

● Für das Pesto Jalapeños entkernen. Knoblauchzehen häuten.

● Mit Oregano und Koriander im Mixer kurz hacken. Mit Essig und Olivenöl aufgießen. Mit Salz und Pfeffer würzen.

● Den Strunk vom Blumenkohl nicht vollständig abschneiden, damit die Steaks zusammenhalten. Den Kopf mit einem scharfen Messer in 1½ cm breite Stücke teilen.

● Mit Chimichurri-Pesto einreiben und mind. 1 Std. marinieren.

● Steaks in Öl anbraten und ca. 10 Min. bei 180 °C im Backofen garen, bis sie weich sind.

Knusperkohl

>> Bei mir ersetzt kräuseliger Grünkohl, herzhaft gewürzt, frittierte Kartoffelchips. Diese Variante ist mein Favorit. Die Gewürze lassen sich je nach Geschmack austauschen. Probiere es einfach mal aus und finde deinen Lieblings-Knusperkohl. Statt Grünkohl eignet sich auch Wirsing.

Glutenfrei
Für 2 kleine Bleche • braucht etwas mehr Zeit
⊘ 10 Min. + 2 Std. Einweichzeit + 8 Std. Dörrzeit

- 100 g Cashewkerne
- 300 g Grünkohl
- ½ Zitrone
- 100 ml Wasser
- 2 EL Miso-Paste (z. B. Shiro Miso von Arche)
- 3 EL Hefeflocken (z. B. Edelhefe von Dr. Ritter)
- 1 TL Paprikapulver
- Salz

● Cashewkerne in reichlich Wasser mind. 2 Std. einweichen.

● Grünkohl waschen, harte Stiele entfernen und in eine Schüssel geben. Zitrone entsaften.

● Cashews, Wasser, Zitronensaft, Miso-Paste, Hefeflocken, Paprikapulver und Salz in den Mixer geben. Fein pürieren, über den Grünkohl gießen und vermengen.

● Grünkohlblätter auf Trockengittern verteilen, bei 42 °C mind. 8 Std. im Dörrautomaten oder im Backofen bei 50 °C und leicht geöffneter Backofentür trocknen.

Kale-Slaw-Bowl

>> Ich liebe, liebe, liebe die sogenannten »Bowl-Gerichte«, für die viele verschiedene Zutaten abwechslungsreich und geschmackvoll miteinander in nur einer Schüssel vereint werden. Dazu passt immer Kale Slaw.

Glutenfrei
Für 2 Portionen • geht schnell
⊘ 25 Min.

- 150 g Grünkohl
- ½ Zitrone
- 1 Möhre
- 2 Frühlingszwiebeln
- 100 ml Tahinpaste
- 2 TL Miso-Paste
- 1 TL Reissirup
- 2 TL Sesamöl
- 2 TL Hot Sauce
- ½ TL Paprikaflocken

● Den Grünkohl waschen und trocken tupfen.

● Zitrone entsaften, Saft in den Kohl einmassieren, in Streifen schneiden.

● Möhre schälen, im Mixer hobeln.

● Frühlingszwiebeln waschen, trocken tupfen und in Streifen schneiden.

● Grünkohl, Möhre und Frühlingszwiebeln in einer Schüssel vermengen.

● Tahinpaste, Miso-Paste, Reissirup, Sesamöl und Hot Sauce im Mixer vermengen und mit Paprikaflocken zum Kale Slaw geben.

Tipp Kale Slaw mit Quinoa, Tempeh, Avocado, frischer Chili und weiteren Toppings nach Wahl in Schalen servieren.

Zwiebeltarte

》 Die Tarte kannst du statt mit Zwiebeln auch mit anderem Gemüse füllen oder den Blumenkohlteig kurz backen und wie eine Pizza belegen.

Glutenfrei
Für 1 Tarteform Ø 24 cm • gelingt leicht
⊘ 20 Min. + 35 Min. Backzeit

70 g Mandeln • 400 g Blumenkohl • 1 EL Öl • 300 g Zwiebeln • 400 g Seidentofu • ½ TL Muskat • ½ TL Paprikapulver • Salz • Pfeffer

● Backofen auf 200 °C (Umluft: 180 °C) vorheizen. Mandeln fein mahlen. Blumenkohl im Mixer zerkleinern.

● Mandeln mit Blumenkohl und Öl zu einem Teig vermengen. Teig in einer Tarteform verteilen. 15 Min. backen.

● Zwiebeln schälen, in sehr feine Ringe schneiden und auf dem Teig verteilen.

● Seidentofu mit Muskat und Paprikapulver im Mixer vermengen. Mit Salz und Pfeffer abschmecken. Über die Tarte geben und etwa 20 Min. backen.

Blumiges Kohlpüree

》 Du kannst auch frische Kräuter, z. B. gehackten Koriander und Curry-Gewürzzubereitungen, Cayennepfeffer oder geräuchertes Paprikapulver unterrühren.

Glutenfrei
Für 2 Portionen • gelingt leicht
⊘ 25 Min.

1 Blumenkohl • 1–2 Knoblauchzehe(n) • 2 TL Olivenöl • 1–2 EL Cashewmus • Muskatnusspulver • Salz • Pfeffer

● Blumenkohl putzen und grob stückeln. In einem Topf mit Wasser ca. 10 Min. weich kochen, Wasser abgießen.

● Knoblauch häuten, in einer Pfanne (ohne Öl) rösten. Mit Blumenkohl, Olivenöl und Cashewmus im Mixer fein pürieren.

● Mit Muskatnuss, Salz und Pfeffer abschmecken.

Das passt dazu gegrillter Portobello-Pilz, panierte Sellerie-Schnitzel

Falafel-Mix

>> Arabische Falafel bestehen meistens nur aus pürierten Kichererbsen, Kräutern und Gewürzen. Sie sind einfach zuzubereiten, reich an Aromen und passen zu frischem Salat, eignen sich jedoch auch als Füllung von Sandwiches.

Ohne Nüsse
Für 2 Portionen • gut vorzubereiten
⊘ 25 Min. + 6 Std. Einweichzeit

- 300 g Kichererbsen, getrocknet
- 50 g Koriander
- 1 kleines Stück Ingwer
- 3 rote Jalapeños
- 2 Knoblauchzehen
- 5 Frühlingszwiebeln
- Brotmehl, z. B. Panko
- Salz
- 5–8 EL Sonnenblumenöl

● Kichererbsen 6 Std. einweichen, dann im Mixer grob pürieren.

● Koriander waschen. Ingwer schälen, grob stückeln. Die Kerne der Chilis herauskratzen. Knoblauch häuten. Frühlingszwiebeln in Stücke schneiden. Alles im Mixer vermengen, sodass die Masse noch leicht stückig ist.

● Mit Salz abschmecken, nach und nach Brotmehl unterrühren, bis der Falafel-Mix an Feuchtigkeit verliert und sich zu Nuggets oder Sticks formen lässt.

● Sonnenblumenöl in einer Pfanne hoch erhitzen und Falafel goldbraun anbraten.

Hundekekse mit Banane

>> Meine Mitbewohnerin, die Französische Bulldogge Wilma, liebt diese knusprigen Hundekekse, die du unbedingt auf Vorrat backen solltest – und von denen du übrigens auch selbst naschen kannst! Schon oft verschwanden die beliebten Leckerli bei uns viel schneller als gedacht.

Ohne Nüsse
Für ca. 2 Bleche • gut vorzubereiten
⊘ 10 Min. + 45 Min. Backzeit

- 100 ml Leinsamen
- 100 ml Wasser
- 2–3 Bananen
- 200 g Kokosöl
- 100 ml Apfeldicksaft
- 350 g Weizenmehl
- 150 g Haferflocken
- 2 TL Vanillepulver
- 1 TL Salz
- ½ TL Natron

● Backofen auf 200 °C (Umluft: 180 °C) vorheizen.

● Leinsamen mit Wasser vermengen. Bananen schälen und grob stückeln.

● Leinsamen mit Wasser, Bananenstücken, Kokosöl und Apfeldicksaft im Mixer fein pürieren.

● In einer Schüssel mit Weizenmehl, Haferflocken, Vanillepulver, Salz und Natron vermengen.

● Den Teig ausrollen. Beliebige Motive, z. B. kleine Knochen, ausstechen und auf mit Backpapier ausgelegten Backblechen verteilen. Oder den Teig direkt auf den Backblechen ca. 1 cm dünn ausrollen und nach dem Backen in Stücke brechen.

Rezeptregister

Liebe Leserin, lieber Leser,

hat Ihnen dieses Buch weitergeholfen? Für Anregungen, Kritik, aber auch für Lob sind wir offen. So können wir in Zukunft noch besser auf Ihre Wünsche eingehen. Schreiben Sie uns, denn Ihre Meinung zählt!

Ihr TRIAS Verlag

E-Mail-Leserservice
kundenservice@trias-verlag.de

Lektorat TRIAS Verlag
Postfach 30 05 04
70445 Stuttgart
Fax: 0711 89 31-748

**Bibliografische Information
der Deutschen Nationalbibliothek**
Die Deutsche Nationalbibliothek verzeichnet
diese Publikation in der Deutschen Nationalbib-
liografie; detaillierte bibliografische Daten sind
im Internet über http://dnb.d-nb.de abrufbar.

Programmplanung: Uta Spieldiener
Redaktion: Ursula Brunn-Steiner, Vaihingen/Enz
Bildredaktion: Christoph Frick

Umschlaggestaltung und Layout:
CYCLUS Visuelle Kommunikation, Stuttgart

Bildnachweis:
Umschlagfoto vorn: Mauritius, fotolia
Fotos im Innenteil: Stefanie Bütow;
Autorenfoto: Martin Morgenstern;
Fotos von Collage: Lena Suhr
Foodstyling: Indra Ohlemutz

1. Auflage

© 2015 TRIAS Verlag in MVS
Medizinverlage Stuttgart GmbH & Co. KG
Oswald-Hesse-Straße 50, 70469 Stuttgart

Printed in Germany

Satz und Repro: Fotosatz Buck, Kumhausen
Gesetzt in: Adobe InDesign CS6
Druck: AZ Druck und Datentechnik GmbH,
Kempten

Gedruckt auf chlorfrei gebleichtem Papier

ISBN 978-3-8304-8182-9

Auch erhältlich als E-Book:
eISBN (PDF)   978-3-8304-8183-6
eISBN (ePub) 978-3-8304-8184-3

1 2 3 4 5 6

Wichtiger Hinweis: Wie jede Wissenschaft ist die
Medizin ständigen Entwicklungen unterworfen.
Forschung und klinische Erfahrung erweitern unsere Erkenntnisse. Ganz besonders gilt das für
die Behandlung und die medikamentöse Thera-
pie. Bei allen in diesem Werk erwähnten Dosie-
rungen oder Applikationen, bei Rezepten und
Übungsanleitungen, bei Empfehlungen und Tipps
dürfen Sie darauf vertrauen: Autoren, Herausge-
ber und Verlag haben große Sorgfalt darauf ver-
wandt, dass diese Angaben dem Wissensstand
bei Fertigstellung des Werkes entsprechen. Rezepte werden gekocht und ausprobiert. Übungen
und Übungsreihen haben sich in der Praxis er-
folgreich bewährt.

Eine Garantie kann jedoch nicht übernommen
werden. Eine Haftung des Autors, des Verlags
oder seiner Beauftragten für Personen-, Sach-
oder Vermögensschäden ist ausgeschlossen.

Besuchen Sie uns auf facebook!
www.facebook.com/
gesundeernaehrungtrias